RECHERCHES

HISTORIQUES ET TOPOGRAPHIQUES

SUR LES TERRAINS

DE LA PAROISSE SAINT-SULPICE

QUI ÉTAIENT ENCORE EN CULTURE AU XVIe SIÈCLE.

PREMIER ARTICLE

Ce que nous appelons aujourd'hui le faubourg Saint-Germain représente deux des trois portions dont était formée la seigneurie de l'Abbaye, à Paris. La première de ces portions se composait de la censive comprise dans l'enceinte de Philippe Auguste; la seconde était la ville ou bourg de Saint-Germain proprement dit; et la troisième, les terres cultivées qui en dépendaient et formaient, réunies au bourg, le territoire de la paroisse Saint-Sulpice. C'est de cette dernière fraction du fief de l'Abbaye que nous ferons l'objet de ce mémoire. C'est celle qu'on a le moins étudiée, et qui est la moins connue conséquemment; c'est celle sur laquelle on a le plus dit d'erreurs, et qui présente le plus de difficultés à vaincre, pour être comprise et décrite avec exactitude.

Il existe, dans les archives de l'abbaye Saint-Germain-des-Prés, une pièce fort intéressante, qui semble avoir été inconnue de tout le monde, et de Jaillot lui-même, car il ne la cite jamais : c'est un arpentage, fait en 1529 par Jehan Lescuyer, arpenteur-juré du roi, des terres labourables de la paroisse Saint-Sulpice. Comme on le pense bien, aucun travail graphique n'y est annexé; néanmoins, malgré son vague désespérant et ses continuelles et presque impénétrables obscurités, il a servi de base à nos recherches, que les publications faites jusqu'ici ont plutôt fourvoyées qu'aidées, ainsi qu'on le verra par les réfutations nombreuses que nous serons

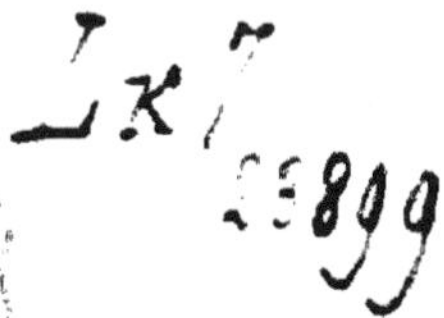

obligé d'entreprendre. Isolé, du reste, il serait à peu près inintelligible; mais comme un certain nombre de censiers, d'inventaires et de registres d'ensaisinement contemporains, provenant du même fond, ont été conservés en même temps, et fournissent beaucoup de renseignements propres à l'élucider, nous sommes parvenu à le comprendre d'une manière satisfaisante dans son ensemble, et même dans la plupart de ses grands détails. Mais, qu'on veuille bien nous pardonner de le faire remarquer, ç'a été là un travail infiniment plus laborieux qu'on ne serait tenté de le croire; il est plus facile, effectivement, de restituer les maisons d'une rue, que les territoires divers d'une campagne : les maisons ne changent guère; elles se subdivisent, se réunissent ou subissent des retranchements d'alignement, mais elles offrent, dans presque tous les cas, des points précis sur lesquels on peut se repérer; et, d'ailleurs, les enseignes leur donnaient une sorte d'individualité qui empêche de les confondre; les propriétés rurales ne se distinguaient les unes des autres que par leur superficie, sans cesse augmentée ou diminuée, et par les noms de leurs propriétaires, qui changeaient non moins souvent. Le sol, bouleversé par les constructions modernes, n'en conserve aucune trace, et tout ce qui reste de l'ancienne configuration du terrain, ce ne sont que les grandes artères devenues des rues; encore ont-elles été redressées toutes, et il en est qui ont été supprimées, ou remplacées, dans quelques cas, par plusieurs voies nouvelles, dont il n'est pas toujours aisé de déterminer quelle est celle qui suit l'ancien parcours. Une autre cause d'embarras consiste dans la pluralité d'appellations appliquées à un chemin unique, soit dans ses diverses parties, soit dans sa totalité, comme la rue Saint-Dominique nous en offrira un exemple. L'identité des noms donnés à des chemins entièrement différents ne cause pas moins de perplexité, et l'on verra qu'il y avait jusqu'à quatre *Voies des vaches* dans l'espace compris entre l'Abbaye et les limites occidentales de son fief. Il faut encore mentionner, comme déroutant souvent dans les déductions à tirer, ce fait, dont il faut se garder de perdre le souvenir, que fréquemment, dans les titres, une pièce de terre est énoncée sise en un certain lieu, alors qu'elle ne fait pas partie de ce lieu, mais en est seulement voisine, et parfois séparée par un chemin, limite du territoire où, suivant le sens rigoureux de la formule employée, elle devrait être réellement.

Enfin, et c'est là le plus grand obstacle, les archives de Saint-Germain-des-Prés offrent une énorme lacune, depuis le milieu du XVIe siècle jusqu'au milieu du XVIIe, de sorte qu'on ne peut relier l'état ancien des choses à l'état actuel, et qu'il est impossible d'obtenir des éclaircissements sur la période même où la transformation s'est opérée. Tout le monde se l'explique, il n'y a pas d'efforts d'intelligence qui puissent, dans de semblables matières, entièrement suppléer à la pénurie des documents, et de là naît pour nous, qui avons à cœur de ne rien affirmer sans certitude, l'obligation de recourir trop souvent à des formules dubitatives.

L'arpentage de 1529 mentionnant exclusivement les terres en culture, donne la faculté de délimiter celles qui étaient bâties, et dont la réunion formait le bourg Saint-Germain : on voit ainsi qu'il était compris entre les murs de Paris, la rue de Vaugirard et la rue du Pot-de-Fer; comprenait les maisons du côté méridional de la rue du Four, et celles qui formaient les coins occidentaux du carrefour de la Croix-Rouge ; se bornait après, par une portion de la rue du Dragon, par une portion du bout de la rue des Saints-Pères, puis par les rues Taranne, Saint-Benoît, du Colombier, de Seine et de Bussy. En dehors de ce tracé, il pouvait se trouver et se trouvait effectivement quelques habitations, mais sans importance et isolées. Un peu plus tard, il s'éleva des maisons entre les rues de Seine et Mazarine, sur le côté septentrional de la rue du Colombier, et des deux côtés de la rue des Petits-Augustins; il s'en éleva aussi entre les rues Cassette, de Vaugirard et du Pot-de-Fer. A la fin du XVIe siècle, il y en avait déjà aux environs de la Croix-Rouge, à l'ouest, jusqu'à la rue de la Chaise; il y en avait, en outre, entre les rues des Rosiers et des Saints-Pères, et le long de cette dernière, en descendant à la Seine.

Pour procéder plus facilement à la description des diverses parties de la région étendue que nous allons étudier, nous imiterons la marche suivie dans l'arpentage, c'est-à-dire que nous diviserons le terrain en treize triages, chacun étant compris entre deux grandes voies. Les Prés-aux-Clercs, constituant un fief indépendant de l'Abbaye, ne sont pas mentionnés dans notre modèle ; ils formeraient pour nous un triage supplémentaire, si nous n'en avions déjà fait, et dans ce même recueil, l'objet d'un travail spécial (1) qui servira de complément à celui-ci, tout en l'ayant précédé.

(1) Voyez *Revue archéologique* XIIe année, p. 381 et suiv. et la planche 267.

PREMIER TRIAGE.

« LE PREMIER TRIAGE COMMENÇANT A LA PORTE DE BUCY, TIRANT A LA RIVIÈRE JUSQUES A L'ISLE DES TREILLES. »

(Compris entre les murs de la Ville, la rue de Bussy, les Prés-aux-Clercs, l'extrémité de la rue de l'Université et la rivière.)

Rue de Bussy. — Elle continuait le chemin qui, traversant la terre de Laas, conduisait du Petit-Pont à l'Abbaye ; elle doit être ainsi d'une origine fort ancienne. La fermeture répétée de la porte de Bussy au XIVe et au XVe siècle, parait avoir transporté à la rue des Boucheries toute l'importance que la rue de Bussy aurait sans doute acquise autrement. Au commencement du XVIe siècle, ce n'était encore qu'un chemin qui menait à l'Abbaye, et plus souvent à la rivière et au Pré-aux-Clercs, par le moyen de la rue de Seine, avec laquelle il était fréquemment confondu ; dans ce cas, la partie comprise à l'ouest de la rue de Seine était ordinairement considérée comme une rue particulière. Le censier de 1523 l'appelle « rue qui tend du pillory au Pré-aux-Clercs, » et un acte, de 1530, « rue de Bussy, tendant du pillory au Pré-aux-Clercs. »

La rue de Bussy est énoncée, dans une charte de 1254 : « *Vicus per quem exitur de porta Parisiensi quæ vocatur porta Sancti Germani ;* » dans une autre, de 1259 : « *Vicus per quem itur ad Secanam ;* » dans une troisième, de 1292 : « *Via publica per quam directe itur de Sancto Germano ad portam civitatis parisiensis, quæ vocatur porta Sancti Germani.* » Plus tard, on l'a nommée : « Rue allant de l'Abbaye à la vielle porte de Bussy, au Pré-aux-Clercs » (1470) ; « chemin devant la porte de Bussy » (1498, 1531) ; « chemin qui vient de la porte Saint-Germain à la rivière » (1529) ; « chemin par lequel on va de Paris au Pré-aux-Clercs » (1531) ; « chemin qui tend de Paris à la rivière de Seyne » (1531) ; « rue de la porte de Bussy » (1522) ; et enfin « rue de Bussy, » dès 1528, par corruption « de Buxy, » dans un titre de 1535.

Rue Mazarine. — Cette rue, dont le nom est emprunté au collége des Quatre-Nations, bâti par Mazarin, n'a commencé à se garnir de constructions qu'après l'an 1530. Auparavant, c'était un simple chemin longeant les fossés de la ville et borné, vers l'ouest, par des champs en culture ; pour le désigner, on se servait ordinairement de cette formule : « Chemin sur les fossés, » commune à tous ceux qui avaient une situation semblable ; mais, dès 1547, nous trouvons aussi en usage l'appellation de « rue aux Buttes. » Les buttes dont il s'agit ici servaient aux archers pour s'exercer à tirer l'arc ; il faut se garder de les confondre avec le jardin des Archers, qui était situé le long du mur d'enceinte, à l'intérieur de la Ville. Les buttes étaient, au contraire, sur le bord des fossés, entre ces fossés et le chemin, ce que prouve le passage suivant du censier de 1531 : « Maison. . . . près les buttes où tirent les archers. . . . aboutissant d'un bout sur la rue de Seine, et d'autre sur les fossez de la Ville, le chemin et les buttes entre deux. » Ces buttes provenaient, suivant Jaillot, des décombres amoncelés de tuileries voisines. Nous n'en avons pas trouvé d'indication avant 1523 ; il en existait encore une, au moins, en 1580.

Jaillot dit que le retour d'équerre formé par l'extrémité septentrionale de la rue Mazarine est appelé rue Traversière, dans une déclaration au terrier du roi, de 1540, relative à une maison située dans la censive du président Lemaître. Sans croire qu'une propriété sise en cet endroit pût être dans une autre censive que celle de l'Abbaye, nous voyons qu'effectivement, en 1538, le 25 septembre, un échange eut lieu entre les moines et un nommé Gilles Le Maître, qui céda aux premiers une portion de sa terre, pour y faire une rue allant à la rivière. Cette rue doit être le retour d'équerre en question. Il est certain qu'il n'existait pas encore en 1529 : l'arpentage et les titres de l'Hôtel-Dieu prouvent que les 7 arpents que cet hôpital avait entre les rues Mazarine et de Seine, n'étaient coupés par aucune voie, mais s'étendaient sans interruption jusqu'au bord de la Seine.

Rue de Seine. — La principale destination de cette rue, probablement fort ancienne, était de conduire, soit de Paris, soit de l'Abbaye, au Pré-aux-Clercs, au bord de la rivière, et au port qui s'y trouvait. On la voit donc énoncée : « Chemin par lequel on va de ladicte Abbaye à icelle rivière » (1449); « chemin allant au Pré-aux-Clercs et à la rivière » (1510); « chemin qui va de Saint-Germain à la rivière » (1520) ; « chemin qui tend de ladicte rue (de Bussy) aux Prés-aux-Clercs » (1522) ; « chemyn de la rivière » (1528); « chemin du port » (1529); « chemin du Port-aux-Passeurs » (1530). Dans un titre de 1521, elle est appelée : « Rue de Seyne, nouvellement ainsi nommée. » Il y avait déjà, pourtant, plus de trente ans que cette appellation était usitée, car nous l'avons rencontrée dans un acte de 1489.

Dans les temps anciens, la rue de Seine n'était souvent pas distinguée de la rue de Bussy, qui y conduisait ; confondue avec cette dernière et même avec le chemin sur les fossés devenu la rue de l'Ancienne-Comédie, elle est appelée : « Chemin qui va de la porte Saint-Michel à la rivière, » dans un passage du censier de 1531, relatif à 5 arpents situés devant l'hôtel de Nesle (1).

La rue de Seine n'a été pavée qu'en 1545, à la suite de deux arrêts rendus sur la réquisition de l'abbé de Saint-Germain. En 1541, elle avait encore si peu l'aspect d'une rue véritable, qu'on ne la considérait que comme commencée; dans le censier de cette année, elle est énoncée : « Rue encommancée à faire, par laquelle on va de la porte Saint-Germain sur la rivière de Seine. »

Rue du Colombier. — Cette rue a remplacé un chemin qui longeait les fossés de l'Abbaye et les séparait du petit Pré-aux-Clercs. L'alignement, comme rue, en fut donné par le bailli de Saint-Germain, le 4 octobre 1585. Le lendemain, il ordonna qu'on mettrait, à chaque extrémité, des portes dont la fermeture aurait lieu la nuit. Nous ne savons si ces portes ont jamais existé réellement.

Jaillot semble croire que la rue actuelle occupe une partie de l'emplacement du fossé : il n'en est rien; car les maisons du côté méridional, anciennement adossées au mur du monastère, ont exactement une profondeur égale à la largeur du fossé (elle était de 10 toises environ, comme au sud), et leur façade doit reposer sur le mur même dont fut clos le fossé, au XVIe siècle (2). De l'autre côté, des constructions durent être élevées peu après l'accensement du petit Pré-aux-Clercs, en 1540. C'est là que se trouvait une maison qui, dans un bail de 1553, est dite située « devant le colombier de l'Abbaye, » lequel a donné son nom à la rue, et était formé par la tourelle en encorbellement, placée sur l'angle nord-est du mur d'enceinte de l'Abbaye. Cette tourelle était située un peu au delà de la rue Furstemberg, comme nous l'avons indiqué sur la planche annexée à notre mémoire sur le Pré-aux-Clercs, auquel nous renverrons souvent. Un nouveau document graphique, que nous avons très-récemment recueilli, tout en confirmant la position que nous avons donnée à la tour du Colombier et à celle du sud-est, nous a fait voir que la courtine reliant ces deux tours n'était pas droite comme nous l'avons tracée, mais offrait une brisure à quinze toises cinq pieds au nord du palais abbatial. La raison de notre er-

(1) La prolongation de la rue de Seine au delà de la rue de Bussy, jusqu'à la rue de Tournon, ne date que du commencement de ce siècle.

(2) En 1585 ou 1586, une partie de ce fossé, de 33 toises 3 pieds et demi de longueur, sur la rue du Colombier, fut creusée plus avant, revêtue de maçonnerie et transformée en un vivier.

reur, c'est que le beau plan de 1653, qui a servi de base à notre restitution, est incomplet de ce côté, dont l'agencement était difficile à comprendre et n'était nullement élucidé par les titres.

La tourelle du Colombier était très-ancienne, et le colombier y était déjà établi en 1496. Cependant, toutes les mentions d'une rue du Colombier, antérieures au XVIe siècle que nous avons vues, se rapportent sûrement à la rue du Vieux-Colombier; quant à la rue du Colombier moderne, nous ne l'avons pas vue ainsi désignée antérieurement à 1587, d'où nous supposons qu'on ne lui a donné ce nom que postérieurement à son alignement. Jaillot dit qu'en 1585 on l'a appelée rue du Pré-aux-Clercs, et nous l'avons trouvée encore énoncée « ruelle qui va aux Prés-aux-Clercs, » en 1607. Elle est ordinairement désignée par la formule analogue : « Chemin à aller au Pré-aux-Clercs » (1545), dans les titres antérieurs à 1585.

Quai Malaquais, Port-aux-Passeurs. — Au lieu où est aujourd'hui le quai Malaquais, il y avait « ung chemin de charroy » qui longeait le bord de la rivière, et a été appelé « le chemin du port de la Tour de Nesle » (1530), « le chemin du port » (1529), et probablement aussi « le chemin de l'abreuvoir » (1543). Il était, à ce qu'il paraît, préservé des inondations par une levée (1) dont parle un titre de 15.., qu'un autre de 1515 nomme « le dodasne de la rivière de Seyne, » et que les religieux de l'Abbaye baillaient à cens pour y blanchir des toiles. On trouve également la mention d'un « quay » en 1530 et 1585, mais c'est à l'endroit de la tour de Nesle, dont le voisinage se nommait « le port de Nesle » (1491), « le port Saint-Germain » (1510) et « le heurt du Port aux Passeurs » (1530). Dans ces environs se trouvait un abreuvoir, en 1543.

L'appellation de Port ou Quai Malaquais, dont nous ignorons l'origine, n'a certainement pas été en usage avant la fin du XVIe siècle. Nous la trouvons pour la première fois en 1594, et écrite *Malaquet*; nous la retrouvons écrite Malaquais en 1599, et Malacquest en 1604.

Séjour de Nesle. — Le terrain compris entre le bord de la rivière, le petit Pré-aux-Clercs, la rue de Seine et le chemin de la Noue (rue des Petits-Augustins), s'appelait, au commencement du XVIe siècle, le Séjour de Nesle, parce que c'est là qu'avaient été situés les écuries et jardins auxquels on donnait ce nom. Primitivement, il y avait là deux maisons, un jardin et deux tuileries contenant 7 ar-

(1) En 1554, le parlement ordonna aux charretiers de ne plus porter de gravois au Pré-aux-Clercs, mais de déposer ceux dont ils avaient à se débarrasser, le long du quai de la rivière, pour empêcher ses débordements.

pents et demi de superficie. En 1385, le tout fut acheté 50 livres par le duc de Berry, qui voulait y établir les communs de l'hôtel de Nesle, alors en sa possession. Le Séjour de Nesle se composait de deux portions : l'une, de deux arpents, où se trouvaient les bâtiments ; l'autre, située derrière et dite de 7 arpents, avait été laissée en culture, et, en 1446, les grains en furent saisis par l'abbé de Saint-Germain, pour arrérages des cens dus au monastère. Il existait encore, à cette époque, quelques restes des constructions du Séjour, que les Anglais avaient en partie détruit en 1411.

La Saulmoniere.— Au delà du chemin creux, tout le terrain limité au nord par la Seine et au midi par le Pré-aux-Clercs, et ce chemin, devenu dans la suite l'extrémité occidentale de la rue de l'Université, ne formait qu'un seul territoire, que les titres du XVIe siècle appellent *la Saulmonière*, et quelquefois *la Saulmonerie*, dénomination dont rien ne nous a révélé l'origine. La Saulmonière s'étendait jusqu'à l'île Maquerelle qui n'en faisait pas partie quoique, dans l'arpentage de 1529, elle soit dite « assise en ce lieu de la Saulmonerie. »

Charité, Sanitat. — Dans le vaste ensemble de la Saulmonière, on distinguait plusieurs parties : la première était l'espace compris entre le chemin de la Noue (rue des Petits-Augustins), et le chemin de Saint-Père (rue des Saints-Pères). Il s'y trouvait une pièce de 8 arpents 20 perches (1) appartenant à l'Hôtel-Dieu. Le 12 septembre 1515, on fit le mesurage d'un fossé de 29 perches de largeur qui avait été pratiqué dans le gravier de la rivière, et devait servir de limite à un nouvel hôpital qu'on se proposait de construire en cet endroit. Cet hôpital, dit *la Charite* dès son origine, et un peu plus tard aussi *le Sanitat* (1521), fut commencé, mais il ne fut point terminé et ne servit jamais à rien ; il en est fait mention dans beaucoup de titres. Le terrain où il était situé en avait pris le nom, et est indiqué, sur le plan de la Tapisserie, par les formules « la place où l'on vouloit faire l'Hostel-Dieu nouveau. » Un titre de 1613 prouve qu'on l'a aussi appelé « la prés (prairie) l'Hostel-Dieu. »

Rue des Saints-Pères. — Cette rue doit être celle qui est appelée, dans le livre de la Taille de 1292, « la rue neuve Saint-Père, » ce qui implique qu'elle n'existait pas depuis bien longtemps. Elle doit son nom à la chapelle Saint-Pierre, ordinairement dite Saint-Père qui y était située. Au XVIe siècle, ce n'était encore qu'un chemin qu'on trouve énoncé « chemin qui tend du Pré-aux-Clercs à l'église

(1) Les titres de l'Abbaye ne mentionnent jamais que 6 arpents.

Saint-Père, par lequel on va en procession » (1523), « grand chemin de Saint-Père » (1531), « chemin qui va de Saint-Pierre à la rivière » (1531), et « rue Saint-Pierre » (1535, 1443, etc.). Cette dernière expression a été corrompue au XVIIe siècle en celle des Saints-Pères, en usage aujourd'hui et que rien ne motive.

Anciennement, la partie de la rue comprise entre celles de Taranne et de Grenelle, quelquefois appelée également chemin ou rue Saint-Père (1535), était plus souvent considérée comme une rue distincte de la partie septentrionale; on la désignait par le nom de « chemin tendant de Saint-Père à la Vieille-Tuillerie » (située au carrefour de la Croix-Rouge) (1531), « petit chemin allant dudict Saint-Germain à Saint-Père » (1531), « chemin tendant de Saint-Père au chemin de la Justice (rue de Grenelle) » (1535), « petit chemin allant à Saint-Père » (1535), « chemin qui va du carrefour à Saint-Père » (1535). Dans un titre de 1531, on lit : « chemin du cimetière aux malades, » parce qu'au coin méridional que la rue forme avec celle de Taranne, était établi le cimetière des lépreux. (Voir 2e triage).

Jaillot affirme que la rue des Saints-Pères a été qualifiée de rue des Vaches; cette assertion est contraire à tout ce que nous avons vu, et nous pensons pouvoir affirmer qu'elle est entièrement erronée.

Escorcherie, Sablonnière. — Au delà du chemin de Saint-Père, il y avait deux arpents appartenant à l'Abbaye, et dont un quartier servait d'escorcherie, en 1529. De là, on appelait cette r[illegible] [illegible]n l'Escorcherie, et, à peu près simultanément, la Sablonnière; mais ce dernier territoire, quelquefois énoncé « les terres du Gros-Sablon (1529) », se trouvait plus à l'ouest, et semble s'être étendu jusque vers l'extrémité du Pré-aux-Clercs; car, en 1510, un arpent de terre situé près du Pré-aux-Clercs aboutissait d'un bout sur la Sablonnière, et de l'autre sur cette « noue » du pré, dont nous avons précédemment déterminé l'emplacement. En outre, l'an 1547, un arpent, à la Saumonière, est dit aboutir « d'un bout sur l'ozeraye, et d'autre bout aux terres èsquelles on prent le Gros-Sablon. » L'ozeraye et la Saumonière ne se rapprochaient qu'au delà du Pré-aux-Clercs.

Le censier de 1510 indique quatre tuileries établies au Gros-Sablon. Il n'en est plus question dans celui de 1523.

Grenouillère. — Le lieu où se trouve le quai d'Orsay actuel s'appelait encore, sous Louis XV, la Grenouillère. Jaillot dit que c'est parce qu'il était bas et humide; mais nous ne croyons pas que ce soit la raison. Nous voyons, en effet, sur divers plans manuscrits du XVIIe siècle, qu'il se trouvait entre les rues du Bac et Bellechasse, sur le chemin du bord de l'eau, une propriété ayant environ 90 toises de longueur sur 19 de largeur, au bout oriental, et 33 au bout occidental. C'est cette habitation qui se nommait la Grenouillère. On trouve, dès 1592, la mention d'un lieu ainsi énoncé, et, en 1622, celle de la maison appartenant au bailli de La Grenouillère. Cela prouve que le quai devait son nom à un individu et non point à sa situation.

L'extrémité du premier triage se composait d'un grand pré à l'Abbaye, dit, au XVIIe siècle, « le Pré-aux-Moines, » et ce lieu s'appelait aussi la Petite-Seine. (Voir la notice sur le Pré-aux-Clercs.)

ADOLPHE BERTY.

(*La suite prochainement.*)

RECHERCHES

HISTORIQUES ET TOPOGRAPHIQUE

SUR LES TERRAINS

DE LA PAROISSE SAINT-SULPICE

QUI ÉTAIENT ENCORE EN CULTURE AU XVIe SIÈCLE.

DEUXIÈME ARTICLE (1).

DEUXIÈME TRIAGE.

« DEUXIESME TRIAIGE COMMENÇANT AUX FOSSÉS-SAINT-GERMAIN JUSQUES AU MOULIN A VENT, ET DU MOULIN A VENT, AU LONG DE L'ISLE, JUSQUES A GUERNELLES. »

(Compris entre le Pré-aux-Clercs, la rue Saint-Benoît, les rues Taranne et Saint-Dominique.)

Rue Saint-Benoît. — Avant que l'abbaye Saint-Germain fût fortifiée de fossés, il est probable que le long de son enceinte, à l'ouest, il régnait un chemin, comme cela avait certainement lieu au midi. Duboulay dit même que ce chemin s'appelait la rue des Vaches ; mais il est fort probable qu'il fait confusion avec la rue Taranne. Quoi qu'il en soit, la rue Saint-Benoît doit son origine au chemin qu'on établit le long des fossés creusés en 1368 ; de ce côté, il fut pris sur le terrain du Pré-aux-Clercs et du clos de vignes ou courtille dépendant du couvent. En 1543, les moines ayant prolongé les murailles de ce clos jusqu'à celles de leur monastère, le chemin, qui avait trois toises de largeur, se trouva supprimé. Mais à la suite de ce tumulte survenu au Pré-aux-Clercs, et que nous avons raconté avec détail ailleurs (2), le 10 juillet 1548, le Parlement rendit un arrêt ordonnant le rétablissement de « l'ancien chemin qui estoit derrière les murailles de ladicte abbaye,... lequel chemin auroit esté estouppé par le moyen des murailles du cloz de ladicte abbaye,... et s'en pourroit les vestiges assez facillement trouver. » Cet arrêt fut confirmé par celui, définitif, de 1551, où il est dit que « relativement à... la délivrance et restablissement de l'ancien chemyn qui souloit estre

(1) Voy. plus haut le premier article, p. 137.
(2) Voy. *Revue archéologique* XIIe année, p. 391.

derrière et le long des fossés de ladicte abbaye, commençant par hault au carrefour de la rue aux Vaches (place Sainte-Marguerite), comme ancien, sera et demourera ouvert, et de la largeur de 18 pieds, à icelluy commencer par hault audict carrefour aux Vaches, et continuera le long des fossés d'icelle abbaye par bas, jusqu'au coing des fossés de ladicte abbaye (1), et à l'endroit où souloit estre le ponceau à présent découvert dudict lieu, en tournant un peu à main dextre, se continuera de pareille largeur le long du petit Pré-aux-Clercs et jusqu'à la rivière de Seine. » Ce parcours est représenté actuellement par la rue Saint-Benoit, une partie de la rue Jacob et celle des Petits-Augustins (Bonaparte).

En 1577, les habitants du faubourg Saint-Germain, incommodés par des émanations pestilentielles, demandèrent l'exécution d'un arrêt du Parlement rendu précédemment contre la Ville, l'Abbaye et le sieur de Tarannes, et relatif à l'écoulement des eaux puantes de la rue Taranne (de l'Égout). En 1578, un nouvel arrêt ordonna que la vidange de ces eaux serait faite, sous peine de contrainte par corps contre les défendeurs. En conséquence, on creusa un égout qui subsiste encore, et court, dans les deux tiers de sa longueur, parallèlement à la direction que présentaient les murailles de l'Abbaye. Cet égout, qui ne fut voûté qu'en 1640, parait avoir bordé le côté occidental du chemin devenu la rue Saint-Benoit. Comme il s'arrêtait vers l'emplacement de la rue Jacob actuelle, on ne voit pas aisément à quoi il pouvait servir, et effectivement il fut inefficace, car, sur de nouvelles plaintes, le Parlement rendit, en 1588 (2), un autre arrêt portant que l'égout, alors à l'état de tranchée, serait prolongé jusqu'à la rivière, et la rue sur les fossés continuée jusqu'au quai. En même temps, la permission fut accordée de bailler à cens les terrains riverains, à la charge par les preneurs de nettoyer chaque jour le devant de leurs maisons. La tranchée qui fut faite alors, fut couverte, en 1609, par la reine Marguerite, dans l'intérêt des Petits-Augustins qu'elle venait d'établir. Quant à la rue nouvelle, elle est énoncée dans un titre de 1587 « la rue que l'on en-

(1) Nous avons trouvé en 1559 la mention d'une maison rue aux Vaches, aboutissant au fossé de l'Abbaye, et nous ne savons s'il s'agit ici de la rue Saint-Benoit ou de la rue Taranne, ou de la place Sainte-Marguerite. Au reste, l'acte auquel nous faisons allusion, et dont nous n'avons vu qu'un extrait, était peut-être mal rédigé, comme cela est fort commun.

(2) Le 5 août, suivant les titres; mais on ne trouve pas l'arrêt à cette date dans les registres du Parlement. Au reste, la tranchée paraît avoir existé dès 1585, car un acte de cette année en fait mention, comme étant nouvellement faite et allant déjà le bord de la rivière.

tend faire et continuer de 10 toises de large, » et dans un autre, de 1588, « rue neufve prenant depuis la rue Tarenne, du costé de la rivière de Seine; » mais il n'en est plus aucunement question après, ce qui prouve que, si elle fut commencée, comme on n'en peut douter, on a vite renoncé à la terminer, et elle n'a jamais été bâtie. Au contraire, l'égout, restauré dans le siècle passé, est encore en usage et il paraît occuper son emplacement primitif. En effet, si, le prenant pour axe, nous restituons la rue de dix toises de largeur qu'on voulait faire, nous trouvons que, entre le coin de cette rue et celle des Petits-Augustins, il y a une distance d'environ 12 toises et demie, ainsi que l'indique précisément l'acte de 1587, qui nous a fourni la citation que nous venons de donner plus haut. Nous ajouterons que, renversant les termes de la proposition, on peut en tirer la conséquence que le coin occidental de la rue des Petits-Augustins n'a pas bougé de place depuis cette époque. Il en est de même du coin oriental. En 1565, la partie du petit Pré-aux-Clercs comprise entre la rue des Marais, la rue du Colombier et la rue des Petits-Augustins, qui fut baillée à bâtir, contenait 59 perches; or, c'est encore exactement le superficie des deux maisons qui s'élèvent sur cet emplacement, lequel n'a ainsi pu subir de diminution, et, par suite, il est évident que le coin oriental de la rue des Petits-Augustins n'a pas été déplacé.

La rue Saint-Benoit s'appelait « la rue de l'Esgout, » et « la rue faicte pour l'esgout du faulbourg Saint-Germain, » en 1587; vers 1640, elle fut dite rue des Fossés-Saint-Germain, et, dès 1641, le nom qu'elle porte maintenant lui a été appliqué en souvenir du fondateur de la règle suivie par les moines de l'Abbaye.

Les fossés de l'Abbaye étaient entourés de murailles à la fin du XVIe siècle, et comblés peut-être du côté du midi et certainement du côté du nord, dès 1548. Les plaidoiries du procès entre l'Abbaye et l'Université, où on lit: « Car sont encore, de présent, les vestiges desdicts fossez apparens, » le démontrent clairement. Mais, sur la rue Saint-Benoit, ils furent conservés, et transformés en un vivier qui existait encore en 1613. Le lieu qu'ils occupaient portait encore le même nom, lorsqu'il fut baillé à bâtir, ce qui eut lieu, par portions, en 1641 et 1642. Ces fossés avaient 10 toises de largeur comme les autres, mais seulement depuis le coin de la rue du Colombier jusqu'à la porte Papale. De là, ils allaient, à ce qu'il semble, en se rétrécissant jusqu'à une grosse tour qui formait l'encoignure d'un redent assez considérable que la muraille de l'Abbaye formait dans sa partie sud-ouest. L'existence de ce redent est certaine ; il est indiqué très-nettement dans un plan manuscrit dressé vers 1548, et que nous avons fait reproduire en *fac-simile*, dans la vue de l'Abbaye telle qu'elle était en 1640, publiée par Dom. Bouillard, et dans les plans de François Quesnel et Mathieu Mérian. Malheureusement, on ne trouve nulle part le tracé géométrique de ce redent. Nous croyons qu'il est déterminé par l'alignement des batiments situés à l'opposite du portail de l'église et dont les murs de face, sur la place, ont sans doute le pied appuyé sur les fondements de l'enceinte de l'Abbaye. Nous voyons effectivement que, si l'on prolonge cet alignement jusqu'au point où il rencontrera le mur d'enceinte du midi, dont la position nous est bien connue, on trouve depuis leur intersection jusqu'à l'endroit où le mur oriental de la Charité, aussi prolongé, atteint la rue Taranne, la distance de 28 perches, qui était la longueur du mur entourant le clos de vignes de l'Abbaye de ce côté. Pour le fossé, d'après le plan dressé vers 1548, il est parallèle à la muraille, en en suivant le ressaut; dans le plan de Mathieu Mérian, il a, au contraire, une direction biaise, qui peut avoir succédé à la direction ancienne, et avoir été motivée par celle de l'égout passant en cet endroit.

Clos ou Courtille de l'Abbaye. — L'espèce de jardin qu'on appelait ainsi était planté de vignes et s'étendait sur la rue Saint-Benoît et la rue Taranne dont il faisait le coin. Le plan de 1548 en fait parfaitement voir les limites; elles étaient, au nord, un mur prolongeant en ligne droite celui de l'enceinte de l'Abbaye, et ayant 21 perches de longueur, à partir du coin de cette enceinte; à l'ouest, un mur dont le côté oriental du grand bâtiment de la Charité, du côté des jardins, donne la direction, et qui avait 33 perches; au midi, un mur, le même sur lequel s'élèvent les façades des maisons actuelles de la rue Taranne, et qui, prolongé jusqu'au coin du redent formé par l'enceinte de l'Abbaye, avait 28 perches de longueur. Dans cet état, le clos touchant aux murailles mêmes de l'Abbaye en comprenait les fossés et le chemin qui les longeait. Il empiétait évidemment aussi, mais dans des proportions qu'il n'est pas facile de préciser (1), sur le grand Pré-aux-Clercs. Dans l'arpentage de 1529, il est indiqué comme n'étant pas riverain de la rue Taranne, mais en étant séparé par 3 arpents et demi situés en bordure sur cette rue. D'après le même document, il aurait, malgré cela, contenu 5 arpents, mais il y a là infailliblement une erreur, car les limites que nous venons

(1) Voir ce que nous disons sur les limites du Pré-aux-Clercs, dans notre notice sur ce fief.

d'indiquer ne renferment qu'une superficie d'environ six arpents (1). Au reste, lorsqu'il fut baillé à bâtir, en 1637, il n'avait plus dans œuvre, du côté de la rue Taranne, que 62 toises 3 pieds; du côté de la rue des Saints-Pères, 46 toises 4 pieds; du côté de la rue Jacob, 53 toises 5 pieds, et sur la rue Saint-Benoît, dont l'alignement a probablement été modifié depuis, 47 toises 3 pieds. Ces mesures confirment, quant à la profondeur du clos de l'est à l'ouest, celles qui nous sont fournies par le plan de 1548.

On peut croire que la courtille de l'Abbaye date d'une époque assez ancienne; mais nous n'en avons trouvé aucune mention avant le XIVe siècle. Au commencement du XVIe, elle avait une porte sur le cimetière Saint-Père.

Rue Taranne. — L'hôtel de Taranne ou Tarennes, situé dans cette rue, entre celles de l'Égout et du Dragon, lui a fait donner le nom qu'elle porte actuellement et que nous ne lui avons pas vu avant le XVIIe siècle. Jaillot a cru qu'on la nommait déjà rue Taranne au XVe siècle et rue de la Courtille au XIVe; mais ces désignations n'ont jamais été appliquées qu'à la rue de l'Égout. Jaillot s'est trompé là comme il l'a fait en niant que la rue Taranne ait jamais été appelée rue des Vaches; nous l'avons vue énoncée ainsi dans plusieurs documents et particulièrement dans des actes de 1527 et 1532, où il est fait mention d'une maison sise « rue des Vaches, devant l'hôtel de Taranne. » Cette locution venait sans doute de ce que la rue Taranne ne formait, pour ainsi dire, qu'une même voie avec la rue Saint-Dominique, autrement la voie des vaches, et voilà pourquoi la première a été aussi dite « le chemin tirant dudict Saint-Germain au port de Grenelle (1523). » Dans l'arpentage de 1529, on lit « chemyn qui va du bourg Saint-Germain à Saint-Père » et c'est là l'idée première qui a fait distinguer la rue Taranne nommée « *vicus per quem itur ad sanctum Petrum*, » dans une charte de 1274, et « *vicus per quem itur ab abbatia apud sanctum Petrum*, » dans une autre de 1260. Nous n'en connaissons pas de mention antérieure, quoiqu'elle soit certainement infiniment plus ancienne.

Au coin méridional de la rue Taranne et de celle des Saints-Pères était situé le *cimetière des malades de la maladerie* (1523), dit aussi le *cimetière des malades de lèpre* (1534), qui dépendait de la maladerie Saint-Thomas, sise rue de Sèvres, et était probablement presque aussi ancien. Le terrain qu'il occupait fut donné à bail pour bâtir

(1) Le censier de 1523 l'indique comme s'étendant sur la rue Taranne, et ayant 6 arpents 6 perches.

en 1539. Jaillot a confondu ce cimetière avec celui de la chapelle Saint-Père. Il est bien certain que le cimetière des lépreux était au lieu que nous disons, puisque l'on voit par le censier de 1523, que le jardin faisant le coin occidental de la rue Taranne et de celle du Sépulcre (du Dragon), ainsi que l'hôtel du Sépulcre qui venait après, dans cette même rue du Sépulcre, y aboutissaient tous les deux.

Chapelle Saint-Pere. — Les archives propres à cette chapelle sont dispersées depuis longtemps, et il en est si peu question dans celle de l'abbaye Saint-Germain, qu'on ne peut presque rien en dire. Pour expliquer son origine qui est inconnue, Lebeuf et Jaillot ont présenté chacun une hypothèse. Suivant le premier, la chapelle Saint-Pierre, par corruption dite Saint-Père, aurait toujours existé au même lieu; elle pourrait avoir été placée sous ce vocable en mémoire de l'ancienne crypte de la grande église de l'Abbaye, qui était sous l'invocation de saint Pierre, et n'aurait jamais été la paroisse du bourg Saint-Germain. Suivant Jaillot, sur ce sujet d'un langage moins lucide que d'habitude, la chapelle Saint-Pierre, voisine de l'Abbaye, où fut enterré saint Droctovée, mort vers 578, était la paroisse des vassaux du monastère; rapprochée de l'église, lorsque celle-ci fut rebâtie à la fin du Xe siècle par l'abbé Morard, elle fut ensuite transportée au lieu où elle se trouvait dans les derniers temps de son existence, son titre de paroisse étant passé, à la fin du XIIe siècle, à l'église Saint-Sulpice. Nous ne voyons pas ce qui a pu faire avancer à Jaillot que la chapelle Saint-Pierre a été rapprochée au Xe siècle de la grande église, et que saint Droctovée y fut enterré, car on ne trouve ce renseignement ni dans le martyrologe d'Usuard, qu'il cite et où on lit seulement au 10 mars : « *Parisius, depositio sancti Droctovei, abbatis, discipuli beati Germani episcopi*, » ni dans la vie de saint Droctovée, publiée dans les *Acta sanctorum*, d'après un manuscrit de l'Abbaye; celle-ci est bien un peu plus explicite, car elle constate que cet abbé fut enterré au côté gauche de la basilique, derrière l'autel de Saint-Germain : « *Sepultus est autem idem Dei gloriosus sacer Droctoveus, ad occidentalem plagam basilicæ, retro sancti Germani altare;* » néanmoins elle n'apprend pas non plus si ce fut dans la chapelle Saint-Pierre. Le fait ne se trouve indiqué que dans les annales de l'ordre de Saint-Benoît (1), mais le passage même où il est rapporté « *Sepultus fuit in oratorio sancti Petri, ad occidentalem basilicæ plagam posito*, » n'est accompagné d'aucune note qui vienne à l'appui, et a l'air d'être une simple paraphrase de celui que nous venons de citer.

(1) Tom. I, p. 138.

Il est plus probable qu'effectivement la chapelle Saint-Pierre a été la première paroisse du bourg. C'est l'opinion de Sauval et de dom Bouillart ; elle était généralement acceptée au commencement du XVIIe siècle (1) ; et, de plus, semble justifiée par un titre du 6 février 1380, dans lequel sont indiquées, comme charges incombant au curé de Saint-Sulpice, celles d'aller faire l'office dans la chapelle Saint-Pierre, le jour de Noël, aux quatre fêtes annuelles, à la Circoncision, aux fêtes de la Vierge et le jour de la Saint-Pierre ; d'y dire la messe et faire l'eau bénite tous les dimanches ; de s'y rendre en procession le jour des Cendres et le dimanche des Rameaux (2). Ces obligations tendent à démontrer la suprématie primitive de la chapelle Saint-Père sur l'église Saint-Sulpice, et conséquemment son antériorité comme paroisse, car il paraît s'agir ici d'un devoir imposé au curé de Saint-Sulpice plutôt que d'un droit à exercer par lui. La chose, au reste, est obscure, et on n'en peut rien déduire sur la question importante de l'époque à laquelle la chapelle Saint-Pierre a cessé d'être renfermée dans les murs du monastère.

Dans un recueil de cérémonies observées à l'Abbaye, rédigé par ordre de l'abbé Guillaume III, mort en 1418, il est fait mention de la chapelle Saint-Pierre en ces termes : *Capella beati Petri, in atrio ejusdem villæ*. La chapelle Saint-Pierre existant certainement en 1267, au même endroit que lorsqu'elle fut vendue aux frères de la Charité, et un cimetière Saint-Pierre, *atrium sancti Petri*, étant mentionné dès 1255, faut-il en conclure que là se trouvait alors le cimetière du bourg Saint-Germain ? Il est assez difficile de se refuser à le croire, ce qui disposerait encore à admettre que l'opinion de Lebeuf est erronée. Cependant Lebeuf parle de tombes fort anciennes trouvées lors de la construction de la nouvelle église Saint-Sulpice, et qui prouveraient qu'elle occupe aussi l'emplacement d'un cimetière.

Par accord du 27 août 1611, la chapelle Saint-Père fut cédée par le curé et les marguilliers de l'église Saint-Sulpice aux frères de la Charité, pour y faire le service divin, et moyennant certaines restrictions. D'après un devis du 12 mai 1612, on se proposait de l'allonger, de façon à ce qu'elle eût quatorze toises d'un bout à l'autre,

(1) Dans l'accord de 1601, dont nous parlons plus loin, il est dit : « Ladicte chapelle (Saint-Père) estoit anciennement la première église parrochiale dud. faulbourg, lorsqu'il ne s'étendoit pas si avant vers la Ville comme il faict à présent. »

(2) Ces processions avaient encore lieu au XVIe siècle. Voir ce que nous disons plus haut de la rue des Saints-Pères.

et d'y annexer de chaque côté quatre chapelles de neuf pieds de large sur douze pieds de long. En 1613 elle fut abattue, dit-on, et cette même année la reine Marguerite posa la première pierre de la nouvelle qui, construite sur une plus grande échelle, ne fut dédiée qu'en 1621; cette nouvelle chapelle a été abandonnée en toute propriété aux Frères par une transaction de 1659. En 1733 on y a fait le portail, et on en a sans doute changé la forme générale qui est aujourd'hui celle d'une croix, et en 1677 était encore celle d'un rectangle de quinze toises un pied de long, sur cinq toises cinq pieds de large, comme nous l'avons vu sur un plan manuscrit de cette époque. Le plan de 1548 indique une disposition analogue.

Rue Saint-Dominique. — Les dominicains de la rue Saint-Jacques ayant donné le nom du fondateur de leur ordre à une rue qu'ils avaient fait percer à travers leur clos, les dominicains, dits jacobins réformés, de la rue Saint-Dominique-Saint-Germain, eurent l'idée d'en faire autant à la rue qu'ils habitaient. En conséquence, ils sollicitèrent et obtinrent, en 1643, du bailli de l'abbaye Saint-Germain, la permission de placer à chaque extrémité une tablette de marbre portant cette inscription : *rue Saint-Dominique, jadis des Vaches.* Jaillot cite le fait pour prouver que le chemin des Vaches ne peut désigner que la rue Saint-Dominique; si cette assertion se trouve vraie dans un certain nombre de cas, elle est fausse au contraire dans une multitude d'autres, et constitue une source de grandes erreurs, comme nous l'allons faire voir.

Il est très-sûr que pendant les deux premiers tiers du XVIIe siècle, la rue Saint-Dominique était fréquemment dite rue ou chemin des Vaches; elle est également nommée « *roye des Vaches*, » dans un titre de 1354; « *chemin aux Vaches* » dans un censier de 1355, diverses pièces du XVe siècle et quelques autres antérieures à 1520 : mais généralement dans les archives de l'Abbaye, datant du règne de François Ier, elle est désignée d'une manière différente, à l'exception d'une seule fois où elle l'est par la formule ; « *chemin aux Vaches* allant à l'isle » (1542). Cette circonstance donne à croire que c'est vers cette époque que l'usage a commencé à revenir de lui donner de nouveau cette appellation (1) qui était propre alors à la rue de Grenelle (2), mais que nous voyons appliquée de nouveau à la rue Saint-Dominique, en 1547, 1548, etc.

(1) La lacune déplorable qui existe dans les registres de Saint-Germain des Prés et qui, comme nous l'avons dit, s'étend du milieu du XVIe siècle jusqu'au milieu du XVIIe, ne nous a pas permis de nous en assurer.

(2) Voir rue de Grenelle.

Nous avons trouvé la rue Saint-Dominique énoncée « chemin allant de Saint-Père à Grenelle » (1523, 1530, etc.), parce qu'elle menait de la chapelle Saint-Père à la ferme de Grenelle derrière laquelle elle passait, et il est bien évident qu'elle est la seule voie qui ait jamais pu être indiquée par une pareille locution. — Pour une raison semblable elle a souvent été qualifiée de « chemin qui tend de Saint-Père à l'orme de Grenelle » (1523, 1537, etc.). Nous ignorons où était situé cet orme, mais il paraît qu'il était planté dans le voisinage de la ferme.

Nous avons en outre trouvé la rue Saint-Dominique énoncée : « chemin tendant au port de Grenelle » (1520), « chemyn par où l'on va dudict Saint-Germain au port de Grenelle » (1524), « chemin allant du moullin à vent au port » (1531), « chemin du port » seulement (1530, 1539, etc.), et « chemin du moulin à vent » (1523). Ces dénominations étaient motivées soit par ce fait que, vers la rue actuelle de l'Église, la rue Saint-Dominique avait un embranchement (1) qui se dirigeait vers le port de Grenelle (voisinage de la barrière de la Cunette), soit parce qu'elle communiquait avec un chemin dit des Vaches (rue Saint-Jean), au moyen duquel on accédait au chemin du bord de la rivière. Nous ne savons si c'est ce dernier ou la rue Saint-Dominique qu'il faut voir dans le « petit chemyn du port » dans l'arpentage de 1529.

La rue Saint-Dominique s'est aussi très-souvent appelée « chemin tendant de la voirie, » ou « allant de Saint-Père à la petite Seyne, » (1523, 1529, 1531, etc.). Elle longeait en effet le territoire appelé la petite Seine. Au reste, vers cet endroit, elle portait aussi le nom de « la Longue-Raye, » par rapprochement sans doute entre son étroitesse et son long parcours. Le censier de 1355 fait mention de la Longue-Raye, il en est encore question dans des titres du XVIIIe siècle. Ce n'était pas seulement la voie qu'on désignait ainsi, mais c'était encore le terrain voisin nommé aussi la petite Seine : « au lieu dict la petite Seine, autrement la longue ou la grande Raye, » lit-on dans des titres de 1656 et 1664 (2). Il faut ajouter que, dans ces environs, la rue Saint-Dominique semble avoir été qualifiée de « chemin Herbu, » puisque, dans un registre de 1523, il est spécifié que trois quartiers de terre aboutissant d'une extré-

(1) C'est un plan de 1670 qui nous a révélé l'existence de cet embranchement dont il n'est plus aucune trace. Il paraît être le même que « le sentier allant aux Bonshommes, » ou « sentier allant au couvent des Minimes ; » désignations de titres de 1628 et 1629.

(2) Archives des Invalides.

mité sur la Petite-Seine, aboutissaient de l'autre sur le « chemin Herbu. »

Enfin la rue Saint-Dominique est dénommée le chemin de l'Oseraye dans une pièce de 1527, parce qu'elle longeait au sud la terre dite de l'Oseraye; elle l'est de plus : « le viel chemyn des Vignes » dans une pièce de 1530, « le chemin qui va aux Isles » dans une autre de 1524 et « le chemin des Treilles » dans une foule de documents (1432, 1523, 1529, etc.). On ne la distinguait du reste par cette désignation, qu'à partir de 6 à 800 mètres de la rue des Saints-Pères, lorsqu'elle se rapprochait du lieu dit les Treilles, situé au delà de celui dit la petite Seine. Jaillot ayant affirmé que le chemin des Treilles est une même voie avec la rue de l'Université, nous allons démontrer qu'il n'en est rien.

1° Si le chemin des Treilles était celui qu'a remplacé la rue de l'Université, il eût été de la censive de l'Université, et conséquemment il n'y aurait aucune raison pour qu'il fût mentionné dans les titres de l'abbaye Saint-Germain, où il l'est extrêmement souvent, et à propos de pièces de terre en culture ; or, le Pré-aux-Clercs n'était pas cultivé, et d'ailleurs il était séparé des champs de l'abbaye par un fossé.

2° Dans le second triage de l'arpentage de 1529, lequel est compris entre le Pré-aux-Clercs et la rue Saint-Dominique, et dans le troisième, compris entre la rue Saint-Dominique et la rue de Grenelle, il est très-fréquemment question du chemin des Treilles ; ce chemin doit donc être commun aux deux triages, et conséquemment il faut que ce soit bien la rue Saint-Dominique.

3° Dans le troisième triage, on trouve de nombreuses indications de terrains, aboutissant d'un bout au chemin des Treilles, et de l'autre au chemin des Vaches; puisque, comme nous le démontrons plus loin, le chemin des Vaches de l'arpentage de 1529 est la rue de Grenelle, et que le chemin des Treilles ne peut être au sud de celle-ci, il faut que ce soit la voie la plus prochaine au nord, qui n'est autre que la rue Saint-Dominique.

4° Puisque, comme nous l'avons démontré encore ailleurs, le chemin de la petite Seine est le bout de la rue de l'Université, les nombreux titres où il est parlé de terres aboutissant d'une extrémité au chemin de la petite Seine et de l'autre au chemin des Treilles, ne peuvent désigner par cette appellation que la rue Saint-Dominique; fait, au surplus, rendu évident par le passage suivant d'un acte de 1527 « demi-arpent..... au lieu dit les Treilles..... aboutissant d'un bout au chemin des Treilles, et d'autre à l'isle Macquerelle. »

La Voirie, la Butte, le Moulin-à-Vent. — Sur l'emplacement de l'ilot compris entre les rues Saint-Guillaume, Saint-Dominique et des Saints-Pères, il y avait un moulin dès 1368, affirme Jaillot. Nous n'en avons rien trouvé, mais nous avons lu dans les archives de l'Abbaye, que le lieu s'appeloit en 1509 la Voirie Saint-Germain et qu'il fut alors donné à bail à la charge d'y faire construire un moulin-à-vent; l'éminence sur lequel il fut posé était-elle le résultat de ce que la place servait de voirie, ou fut-elle faite pour l'érection du moulin, nous ne pouvons le dire, nous avons seulement vu dans un titre de 1531 cette localité énoncée « à présent appelée la Butte, » ce qui impliquerait qu'il n'y avait pas longtemps qu'il en était ainsi. Quoi qu'il en soit, la localité est nommée à peu près indifféremment, au commencement du XVIe siècle, la Butte, la Petite-Butte, la Butte de la Voirie, la Petite Voirie et le Moulin-à-Vent, et il s'y voyait encore en 1529 trois quartiers de terre appartenant à l'Abbaye et servant de voirie. En 1552, il semble que cette voirie était disparue; car dans un acte de cette année on parle de « la Butte du Moulin-à-Vent où estoit ancyennement la Voyrie dudict Saint-Germain. »

Sur le plan de Quesnel une porte est figurée, qui ferme la rue Saint-Dominique un peu au delà de la rue des Rosiers. Cette porte n'existait sûrement pas dans la première moitié du XVIe siècle; elle paraît avoir fait partie d'un système de fortifications dont nous parlerons plus loin.

Rue Saint-Guillaume. — D'abord petit chemin tournant autour de la butte du Moulin, et n'ayant qu'une fort médiocre importance, elle est très-peu mentionnée dans les titres. Nous croyons la reconnaître dans un acte de 1531, sous le nom de « chemin qui va dudict Saint-Pierre à l'Oseraye, » et nous sommes sûr de l'avoir vue désignée, en 1542, par la formule « chemyn par où l'on monte audict Moulin-à-Vent. »

Cimetière Saint-Père. — Avant la suppression des cimetières dans l'intérieur de Paris, il y en avait un rue des Saints-Pères, un peu au-dessous de la rue Saint-Guillaume, qui servait à l'hôpital de la Charité, et au commencement du XVIIe siècle avait servi aux protestants (1). Ce cimetière était plus anciennement celui de la chapelle Saint-Père, aussi dit « aistre Saint-Père » dans un titre de 1555, et dont les archives de l'Abbaye prouvent l'existence dès l'année 1265.

(1) Il leur fut donné fort peu de temps après la publication de l'Édit de Nantes, et ils le gardèrent jusqu'à la révocation de cet édit. Le roi en fit alors don à l'hôpital de la Charité.

Jaillot l'a confondu avec le cimetière aux lépreux qui formait le coin sud des rues Taranne et Saints-Pères, et était exclusivement réservé aux malades de la Maladrerie, sise rue de Sèvres. Ce qui a motivé peut-être son erreur, c'est que la chapelle Saint-Père a eu aussi un cimetière qui lui était contigu. Nous en trouvons des mentions en 1603, 1611, etc. On peut croire que ce dernier cimetière n'a commencé à exister que lorsque l'autre a été consacré à un usage spécial. Le cimetière Saint-Père, avons-nous dit, paraît avoir été primitivement le cimetière principal et sans doute unique des habitants du bourg. Au XVIe siècle, il avait perdu une partie de son importance par suite de l'établissement de celui de Saint-Sulpice.

L'Oseraie. — Lorsqu'on avait dépassé la butte qui faisait le coin de la rue des Saints-Pères, au nord, le premier terrain qu'on rencontrait de ce côté, en suivant la rue Saint-Dominique, était celui qu'on appelait l'Oseraie. Le censier de 1355 énonce une « pièce de terre... laquelle on appelle l'Oseroye... tenant d'une part à la voye aux Vaches (rue Saint-Dominique), d'aultre au Pré-aux-Clercs, aboutissant d'un bout aux murs de la Courtille dudit Saint-Germain. » Ainsi la terre de l'Oseraie était comprise entre le Pré-aux-Clercs, la rue Saint-Dominique et la rue des Saints-Pères, et conséquemment la butte en faisait partie. Au XVIe siècle celle-ci en était toujours distinguée, mais alors la partie de terrain placée au-dessous et qui s'étendait en bordure sur la rue des Saints-Pères, jusqu'au Pré-aux-Clercs, était considérée comme dépendant de l'Oseraie. Ainsi lit-on dans le censier de 1523 : « ung quartier..... au lieu dit l'Ozeraye, sur le Pré-aux-Clercs, tenant d'une part à Remond Piquet, d'aultre part au fossé du Pré-aux-Clercs, d'un bout au chemin qui tend dudit Pré-aux-Clercs à l'église Saint-Père, par lequel on va en procession. » Ces locutions « en l'Oseraye » ou « sur le Pré-aux-Clercs, » étaient fréquemment employées comme synonymes, et il semble même que le nom de l'Oseraie s'appliquait plus spécialement au voisinage du Pré-aux-Clercs, non confondu avec les terrains longeant la rue Saint-Dominique; c'est ce qui résulte de divers textes, entre autres du passage suivant d'un titre de 1551, « arpent... aboutissant d'un bout à l'Oseraye, d'autre au chemin des Treilles (rue Saint-Dominique). » Mais il était plus habituel d'étendre le territoire de l'Oseraie jusqu'à la rue Saint-Dominique même : « Arpent en l'Ourzeraye, tenant... au Pré-aux-Clercs, et d'autre bout au chemin aux Vaches » (1415); « quartier et-demi... aboutissant au chemin qui tend de Saint-Père à la petite Seine » (1532); « pièce de terre à l'Oseraye... aboutissant d'un bout au chemin des Treilles » (1531).

Le censier de 1354, non plus qu'aucun autre document, n'indique la superficie de la terre de l'Oseraye, mais il est très-probable qu'elle était bien moins vaste au XIVe siècle qu'elle ne l'a été depuis; sans pouvoir en préciser les limites, qui au XVIe n'étaient nullement distinctes, on voit qu'elle devait atteindre jusque vers l'emplacement de la rue de Bourgogne où elle se confondait avec le terrain de la Petite-Seine. Plusieurs pièces énoncent le lieu « dict la petite Seyne, autrement dicte l'Ozeroye, » (1527, 1533), etc.; mais ces formules n'ont jamais trait qu'au point où se réunissaient les deux territoires d'ailleurs parfaitement distincts.

L'Avallouer. — On appelait ainsi un terrain qui longeait la rue Saint-Dominique et était compris entre cette voie et l'Oseraye, dont on pourrait le considérer, pour cette raison, comme une partie. Dans le second triage, se trouve la mention de terres « au fond de l'Avallouer » et « aboutissant d'un bout sur l'Oseraye et d'autre bout sur le chemin des Treilles. » Aucune donnée ne nous a permis de déterminer exactement où était ce fond de l'Avallouer; comme le censier de 1543 énonce 5 quartiers « à l'Avallouer, ou lieu dict à la Saulmonnière, » on peut supposer qu'il était situé à l'extrémité du Pré-aux-Clercs. Nous croyons cependant probable que généralement on ne le considérait pas comme placé si loin, et nous admettrions volontiers que la rue Bellechasse en indique approximativement le centre. L'Avallouer a été souvent confondu avec le lieu dit Courbeurue (Voir 3e triage).

La Petite-Seine. — Après l'Avallouer, venait le terrain appelé Petite-Seine. En ayant parlé dans notre article sur le Pré-aux-Clercs, nous y renvoyons une fois de plus le lecteur.

Les Treilles. — Ce lieu terminait le second triage. Il était compris entre la rivière et le chemin de la Petite-Seine, au nord, et le chemin des Treilles ou rue Saint-Dominique, au sud; le fait résulte des passages suivants : « Trois arpents... au lieu dict les Treilles... aboutissant, d'un bout, sur la petite Seyne, et, d'autre bout, au chemin tendant au port de Grenelles (1520); » — « Demi-arpent au lieu dict les Treilles... aboutissant, d'un bout, au chemyn des Treilles, d'autre, à l'isle Macquerelle (1527). » On trouve les formules « ès trailles » et aussi « ès estreilles » dans le censier de 1355. On ne rencontre pas, au XVIe siècle, de très-fréquentes mentions du territoire des Treilles, souvent alors confondu avec celui de la Longue-Raye et surtout celui de la Petite-Seine. Dans le voisinage de l'île des Treilles se trouvait un lieu dit « *la Mais[illegible]e* » (1529, 1543).

Passage aux Vaches. — Partant de la Longue-Raie ou rue Saint-Dominique, pour se rendre au bord de la rivière, il existait un chemin qu'on nommait « le passage aux Vaches, le chemin aux Vaches allant à l'Isle, le passage de la Grant-Isle, » dont la direction, à peu près perpendiculaire au cours de la Seine, ressort mathématiquement des textes suivants : « Demi-arpent sur le passage de la Grant-Isle, tenant d'une part à... d'autre, au chemin aux Vaches, aboutissant par hault à la Longue-Raye, et par bas sur l'isle aux Vaches » (1523) ; « ung arpent au lieu dict le chemin aux Vaches, tenant audict chemin aux Vaches, d'autre, aux hoirs H. Ballay, aboutissant d'un bout au chemin qui va à Garnelles, d'autre sur la rivière » (1529) ; « demi-arpent au-dessus de la Grant-Isle, tenant... au chemin aux Vaches, aboutissant aux terres de l'Abbaye, d'autre sur la rivière (1529). » Or, les archives de l'Abbaye nous fournissent un plan manuscrit de 1736, où une rue située vers le bout de l'île des Cygnes, et communiquant du bord de l'eau à la rue Saint-Dominique, est énoncée « rue de l'Abreuvoir-aux-Bœufs, autrement dit le chemin des Vaches ou des Treilles, rétabli depuis 5 ans. » Il paraît évident que le passage aux Vaches est le même que cette rue de l'Abreuvoir-aux-Bœufs, appelée aujourd'hui rue Saint-Jean, et qui, dans le siècle passé, conduisait au pont menant à l'île des Cygnes. Avant la construction de ce pont, on parvenait dans l'île par un gué. Ce gué s'appelait « Gué-aux-Vaches » en 1510 (1).

Chemin du Port. Vert-Buisson. Gros-Caillou. — Nous avons parlé d'un embranchement de la rue Saint-Dominique qui conduisait au port de Gren[illegible]. Cet embranchement, ou peut-être aussi la rue Saint-Dominique [illegible]clait souvent le petit chemin du Port, puisqu'on trouve des m[illegible]ons de terrains tenant d'une part à la rivière et d'autre au petit chemin du Port. Le nom de chemin du Port se donnait également à la voie du bord de l'eau (2), dite également « voye des Vaches, » au XVIIe siècle, soit à cause du passage aux Vaches qui

(1) Il est également question du gué aux Vaches dans le passage suivant d'une requête de 1523, qui doit se rapporter au même terrain que nous venons d'indiquer sous la date de 1529 ; on remarquera la différence des formules par lesquelles sont désignés les aboutissants nord et sud. « Ung arpent de terre assis au guey aux Vaches, tenant d'une part au chemin aux Vaches, d'aultre aux hoirs Jehan Ballay, d'ung bout à la petite Seyne, et d'aultre bout au petit chemin qui tend de Saint-Père à l'orme de Grenelles. »

(2) En 1547, deux arpents qui tenaient au chemin des Vaches (rue Saint-Jean), sont dits aboutir « d'un bout et d'aul[illegible]e au[illegible] deux chemyns du Port. »

y menait, soit parce que la rue de l'Université s'appelait quelquefois de cette même façon, et que le chemin du bord de l'eau la continuait de telle sorte, qu'il est énoncé, dans un acte de 1750, « rue de l'Université, autrement dit le bord du chemin de la petite Seine, bras de la rivière. » Nous avons lu « rue des Vaches, » sur un titre de 1719; « voie aux Vaches, » sur un plan manuscrit de 1743, et seulement « chemin de la rivière, » sur un autre de 1738. Dans une pièce de 1764, nous avons également lu « chemin qui est le long de l'isle Maquerelle, autrement dit le Gros-Caillou, » et sur une seconde de 1683, « chemin qui est le long de l'île Maquerelle, dit le Gros-Caillou. » C'est donc là même que se trouvait ce Gros-Caillou qui depuis a donné son nom à tout le quartier, et qui était, assure Jaillot, d'après un plan qu'il possédait, une borne naturelle limitant les seigneuries de l'abbaye Saint-Germain et de l'abbaye Sainte-Geneviève. Nous n'avons rien découvert de particulier à ce sujet, et les archives de Saint-Germain parlent si peu du Gros-Caillou, que nous avons dû nous estimer heureux d'en rencontrer deux mentions, l'une de 1510, l'autre de 1523. Au reste, nous sommes certain que le Gros-Caillou était entre la rivière et la rue Saint-Dominique, car, dans une transaction de 1628, une place, qui y est dite située, est déclarée « aboutissant d'un bout au sentier allant aux Bons-Hommes, et d'autre bout, à la rivière de la petite Seyne. » Ce titre apprend de plus que « le lieu dict le Gros-Caillou » était « aultrement dict le Vert-Buisson. » Il est question du Vert-Buisson dès 1536; en 1753, une pièce de 3 arpents énoncée le *Verd-Buisson de Plaisances*, est décrite comme aboutissant au chemin qui conduit de la Grenouillère au moulin de Javelle, et un cul-de-sac, situé rue de l'Université, entre les numéros 53 et 55, se nomme encore aujourd'hui rue du Vert-Buisson. Comme il est clair que ce cul-de-sac doit son nom au terrain du Vert-Buisson, il en détermine en même temps l'emplacement, lequel confirme ce que nous venons de dire de celui du Gros-Caillou (1), que certains titres de la fin du XVIIe siècle et du siècle suivant appellent « les Maretz. »

Port de Grenelle.—Il existait en 1507, et se trouvait vers l'emplacement de la barrière de la Cunette. Il était donc hors de la seigneurie de l'Abbaye et de la paroisse Saint-Sulpice. Il s'est appelé, au XVIIe siècle, le port des Minimes, à cause du couvent des Minimes

(1) Nos assertions relativement au Gros-Caillou et au Vert-Buisson sont encore justifiées par le censier de 1557, qui apprend que la pièce où étaient placées les bornes du fief de l'Abbaye était près le port de Grenelle et le Vert-Buisson, et que ce dernier territoire aboutissait sur la rivière.

ou Bons-Hommes, situé de l'autre côté de la rivière. Il ne parait pas qu'il ait jamais été le centre d'une grande activité.

ILES.

Quoique il y ait dans les archives de l'Abbaye un grand nombre de pièces relatives aux iles qui ont formé celle qu'on a nommée, au XVIIe siècle, île des Cygnes, il s'en faut de beaucoup qu'on y trouve des renseignements assez précis pour en avoir une idée nette, et nous n'avons que médiocrement réussi à tirer parti des données trop vagues que nous ont fournies nos recherches.

Suivant Jaillot, il y avait une île, dite de Grenelle, laquelle était placée en amont d'une autre, dite l'île des Vaches, et en aval d'une troisième, l'île des Treules. Cette île de Grenelle, ajoute-t-il, était celle qui était opposée à la Longue-Rue. Nous ferons observer d'abord qu'aucune des îles ne peut avoir été opposée plus que les autres à la Grande Raie, puisque, pour que cela fût, il faudrait que les îles eussent été placées parallèlement l'une à l'autre, dans le sens du cours de l'eau, ce qui est inadmissible. Nous avons trouvé une mention de « l'isle de Garennes, » en 1535, dans un acte où il est dit qu'un atterrissement de trois quartiers « au long de l'isle anciennement appellée l'isle à la Mère, » y aboutissait par bas; mais cela ne nous apprend pas grand'chose sur sa position. Quant à celle « isle à la mère feu Jehan Pernel, » peut-être est-ce la même qui, dans le censier de 1531, est énoncée ainsi : « isle contenant 3 arpents, 3 quartiers, 12 perches, à l'endroit de la basse rivière de Chaliyau, au dessoubz de l'isle des Treilles, et au-dessus de l'isle aux Vaches, appellée l'isle de Jhérusalem. » Ce passage semble bien prouver que l'île aux Treilles était effectivement en amont de l'île aux Vaches et séparée d'elle par une île peu considérable.

Au commencement du XVIe siècle, on confondait l'île des Treilles et l'île Maquerelle, car on lit, dans des actes assez nombreux, « Isle Maquerelle dicte des Treilles. » Cette île Maquerelle, qui doit sans doute son nom à un particulier et non point à ce qu'on s'y battait ou à ce qu'on y faisait la débauche, comme on l'a ridiculement imaginé, cette île, disons-nous, était certainement distincte de l'île des Treilles au XVe siècle ; car, dans un cartulaire de l'Abbaye, il est question, à l'année 1461, d'un atterrissement tenant, d'un côté, à l'île Maquerelle, et, de l'autre, à l'île des Treilles. Il se peut que les deux aient été réunies plus tard, et que, de là, les deux noms leur aient été communs. Au reste, une des grandes difficultés que présente l'intelligence de la disposition de ces îles vient de ce qu'elles ont souvent changé d'aspect, soit par la réunion de plusieurs en une, soit par la division d'une seule en plusieurs. Ainsi nous voyons qu'en 1531, il y avait, « entre la grant rivière et l'isle des Treilles, » une petite île d'un arpent, qui a dû plus tard être absorbée dans la grande dont elle était voisine ; cette petite île pourrait être celle appelée « le Moteau-la-Caille, » en 1546.

L'île que nous connaissons le moins est celle des Vaches, qui était certainement en aval des autres. En 1476, elle était appelée « la grant isle aux Vaches. » Cependant, il ne semble pas qu'elle fût plus vaste que celles des Treilles ou Maquerelle, et nous pensons que c'est plutôt à cette dernière que s'applique le nom de « grant isle, » que nous avons souvent rencontré dans les actes du XVIe siècle. Un des cartulaires de la manse abbatiale nous apprend, en effet, que le 24 août 1645, les religieux se défirent d'une pièce de terre « communément appelée l'isle aux Treilles, » laquelle contenait vingt arpents et demi. Si, comme il y a lieu de le supposer, cette superficie est à peu près celle qu'avait l'île aux Treilles dans le siècle précédent, il n'est guère admissible que l'île aux Vaches ait jamais été plus considérable, ni même qu'elle l'ait été autant. Ce doit donc être l'île aux Treilles qui méritait de préférence le nom de Grande-Ile. Lorsque celle-ci fut vendue, elle était plantée en marais. On n'avait pu la laisser à l'état de prairie comme précédemment, parce que, dans cette condition, elle était devenue un lieu d'exercice pour les soldats, et de promenade pour les bourgeois et les dames ; ce qui anéantissait les foins. Le sol en était au surplus sablonneux, de mauvaise qualité, et submergé chaque année pendant plusieurs mois. Aussi est-il singulier qu'en 1554, un arrêt du Conseil ait ordonné qu'on y enterrât les morts de l'Hôtel-Dieu ; ce qui n'eut pas lieu, dit Sauval, parce que, l'année suivante, la Ville représenta qu'il était à craindre que les individus chargés de creuser les fosses ne s'épargnassent cette peine en jetant les cadavres dans la rivière.

L'île aux Vaches se trouve ainsi désignée dès 1353 ; et l'île aux Treilles (1) l'est en 1389 ; l'île Maquerelle n'apparait, sous ce nom, que vers la fin du XVe siècle. Quant à la première indication d'îles en ce lieu, elle ne remonte qu'au milieu du XIIIe siècle ; dans la

(1) Le nom d'île aux Treilles lui vient probablement de son voisinage du terrain dit les Treilles. On ne peut supposer qu'il y avait des vignes dans une île souvent inondée.

charte de manumission, donnée, en 1255, aux habitants du bourg Saint-Germain, l'abbé parle de son île de la Seine, *insula nostra Secane*, où les bestiaux viendraient paître moyennant une redevance annuelle. Cela voudrait-il dire qu'il n'y avait alors qu'une île? Nous le croirions d'autant plus que l'îlot tout entier est nommé « l'isle de Chaillot » dans des titres de la fin du XVIe siècle, et que, un peu plus tard, les diverses parties étaient fondues de façon à ne former qu'un ensemble; on lit dans un contrat de vente de 1678 « l'isle appellée à présent des Cygnes, et cy-devant aux Vaches, Maquerelle ou de Hiérusalem.

D'après un arpentage fait en 1648, l'île formée par la réunion de toutes les autres, offrait une superficie de 54 arpents, soit 5400 perches; sur ces 5400 perches, 112 appartenaient à un nommé Quinet, qui les avait achetées d'un nommé Adam Templier; — 387 perches, « formant la pointe du costé de Paris, » appartenaient, de temps immémorial, à l'hôpital des Pauvres-Enfermés; — 1856 perches appartenaient aux habitants de Chaillot, qui les tenaient de l'Abbaye, suivant une sentence arbitrale rendue entre eux et les moines, en 1270; — 1656 appartenaient à l'église Saint-Sulpice, qui les tenait aussi de l'Abbaye; — enfin, 1389 perches étaient la possession des religieuses de Longchamp, et faisaient partie d'un fief qu'elles avaient acquis, en 1269, de Robert le Bransle, comte de Poitiers, et de Perronelle, sa femme. Ce fief relevait de l'abbaye Saint-Germain des Prés. Les dames de Longchamp en firent une déclaration à la Chambre des comptes, en 1453, en l'évaluant à environ 12 arpents seulement, et une sentence du prévôt de Paris, du 20 avril 1579, leur en confirma la propriété contre les prétentions des habitants de Chaillot, dont les prairies étaient contiguës, vers l'orient. Par des baux de 1588 et 1596, on voit qu'il formait la partie occidentale de l'île, car il y est énoncé « pièce de pré en isle... assise en l'isle de Chaillot, contenant 14 arpents en la grande mesure, tenant, des deux costez et d'un bout, à la rivière de Seine, et d'autre bout par haut aux religieux, abbé et couvent Sainct-Germain des Prez. » A la même époque, on disait habituellement « les prez de Longchamp, » pour désigner le terrain, dont nous avons recueilli un plan fait en 1678, le 12 mai, jour où le roi l'acheta pour la somme de 5556 livres. Dans l'acte de vente, le terrain est indiqué comme contenant treize arpents quatre-vingt-neuf perches, et « tenant d'une part à la rivière, d'autre part à un bras de ladite rivière, d'un bout, par bas, faisant pointe sur la rivière vis-à-vis lesdits Minimes, à une portion appartenant au nommé Guinet, et d'autre bout, par haut, aux dix-huit arpents et demi qui ont appartenu aux habitants de Chaillot, et à une petite portion qui a appartenu à l'Hôpital-Général.

L'île des Cygnes a été réunie à la terre ferme par suite de lettres patentes de 1773; mais le remblai ne fut commencé qu'en 1786. Sur le plan de Verniquet, il est facile de voir à quel endroit s'arrêtait l'île Maquerelle, qui faisait encore une saillie à la place où elle avait été réunie aux autres. Sur le plan de François Quesnel, la division du tout en trois grandes parties est encore visible.

ADOLPHE BERTY.

(*La suite prochainement.*)

RECHERCHES

SUR

LES CALENDRIERS COMPARÉS DE PLUSIEURS PEUPLES ANCIENS.

SECTION PREMIÈRE :

OBSERVATIONS GÉNÉRALES SUR LE SUJET.

SECTION DEUXIÈME :

L'HÉMÉROLOGE GREC, CONTENANT SEIZE CALENDRIERS EN CONCORDANCE.

Ceux d'entre les savants des trois derniers siècles qui se sont livrés avec le plus de succès aux recherches de chronologie ancienne, n'ont pas tardé à s'apercevoir, dès leurs premiers pas dans la carrière, combien il leur serait utile de connaître la méthode de diviser le temps pour les usages civils adoptée par chaque peuple, ou, en d'autres termes, son *calendrier*. Ces mêmes écrivains ont tous exprimé leurs vœux à ce sujet, unanimement d'accord sur la grande utilité de tels documents.

Cette utilité serait moins réelle, sans doute, si tous les peuples de l'antiquité s'étaient servis du même calendrier, représentant une année dont le commencement eût été pour tous rattaché au même fait civil ou au même phénomène céleste ; dont la division, uniforme dans le nombre des mois, l'aurait aussi été dans le nombre et dans l'ordre des jours ; enfin si, pour tous ces peuples, il n'avait existé qu'une seule ère rattachée au même événement hisorique, et à laquelle se rapporterait une succession périodique d'années d'une longueur égale pour tous. A ces conditions l'ordre des temps anciens serait facile à déterminer, quelque défectueuse même que fût l'espèce d'année dont on se serait servi, puisqu'il suffirait, pour nous éclairer sur les dates anciennes, de mettre cette année et cette ère en concordance avec celles qui sont en usage dans les temps modernes.

tainement un de ces noms, *barbaræ appellationis*, dont parle Pline. Mais personne n'ignore que les anciens ont, les uns conservé, les autres retranché les suffixes ou les préfixes des noms des villes hispaniques. Strabon appelle *Ileosca* la même ville à laquelle Pline et Ptolémée donnèrent seulement le nom d'*Osca*; c'est que le mot *ili*, signifiant ville, pouvait être sous-entendu sans inconvénient. Il en est de même dans *meaizari khissa*, les terminatives *ari* et *khiz* peuvent être omises, puisque le nom propre est *meaiz*, mine; cela est si vrai que le plus grand nombre des monnaies porte dans le petit module MFA, *le filon*, et dans le moyen module MFAM4, *le roc du filon* ou la mine. Il est donc probable que si *meaizari khissa* a été mentionné par quelque ancien géographe, il n'a dû donner que la partie essentielle du mot.

Pline parle d'une région du sud est de l'Espagne qu'il appelle *Mavitania*, et dont les habitants sur une inscription sont appelés *Mavitani*. En retranchant le suffixe *tan*, il nous reste *Mavi* que les Grecs auraient traduit *Maoui*, homophone au *Meaiz* de la légende. Cherchons si ces *Mavitani* habitaient un pays où il y eut des mines. Pline détermine leur position dans le passage suivant : « Urci, adscriptumque Bœticæ Barea : Regio Mavitania, mox Deitania, dein « Contestania ; Carthago Nova, colonia. » On remarquera que les noms ne sont pas écrits par lettre alphabétique.

Urci était la limite de la Tarraconnaise vers le sud ; on le place au *Port de las Aguilas*. On s'accorde à fixer la position de *Barea* à *Vera*; il n'y a pas d'incertitude sur celle de *Carthago Nova*; les *Mavitani* devaient donc occuper la région comprise entre ces villes à partir de *la Sierra de Aguadaras*, et en suivant les montagnes qui s'étendent vers Carthagène. Or, on trouve dans cette région, près de Lorca, une ancienne mine de plomb, et une autre de cuivre ; et près de Mazarron, une ancienne mine d'argent autrefois très-riche. Mazarron rappelle involontairement *Meaizari*; et je ne crois pas être trop hardi en attribuant aux *Mavitani* la monnaie de *Meaizarikhitz*.

Je peux donc conclure après toutes ces explications que toute peuplade qui mettait sur sa monnaie la terminative *khiz* parlait, comme celles qui y mettaient *coen*, la même langue que les Basques.

Dans une nouvelle note, je continuerai l'explication de la carte ibérienne, j'examinerai les autres suffixes, et je rechercherai si les Celtes de l'Hispanie avaient adopté l'écriture des Ibères.

Veuillez agréer, Monsieur, l'expression, etc.,

BOUDARD.

RECHERCHES

HISTORIQUES ET TOPOGRAPHIQUES

SUR LES TERRAINS

DE LA PAROISSE SAINT-SULPICE

QUI ETAIENT ENCORE EN CULTURE AU XVIe SIECLE.

TROISIÈME ARTICLE (1).

TROISIÈME TRIAGE.

« LE TROISIESME TRIAIGE COMMENÇANT DEPUYS L'HOSTEL DU SEPULCRE ET CYMETIÈRE SAINCT-PÈRE, ENTRE LE CHEMYN AUX VACHES ET LE CHEMYN DES TREILLES, JUSQUES AU PORT DE GRENELLE. »

(Entre la rue des Saints-Pères, la rue Saint-Dominique, la rue de Grenelle, jusqu'au port qui se trouvait devant Passy.)

Rue de Grenelle. — Nous avons dit précédemment que, contrairement à l'affirmation de Jaillot, ces mentions si nombreuses du « chemin aux Vaches » contenues dans les archives de Saint-Germain, ne s'appliquent pas, sauf les exceptions que nous avons nous-même indiquées, à la rue Saint-Dominique; nous allons démontrer qu'elles s'appliquent au contraire à la rue de Grenelle.

Dans le second triage de l'arpentage de 1529, lequel est compris, comme on l'a vu, entre le Pré aux Clercs et le chemin représenté par la rue Saint-Dominique actuelle, cette dernière voie est naturellement très-souvent indiquée, mais jamais sous le nom de chemin aux Vaches; et si cette appellation s'y trouve deux ou trois fois, c'est, on peut le constater, pour désigner un autre chemin sans grande importance et voisin de l'île Macquerelle, dont nous avons parlé en son lieu. Au contraire, dans le troisième triage, compris

(1) Voy. plus haut le second article, p. 19?.

entre la rue Saint-Dominique et la rue de Grenelle, on trouve de continuelles énonciations du chemin aux Vaches, et il en est de même dans le quatrième triage, compris entre les rues de Grenelle et de Babylone, et où, conséquemment, il ne saurait être question de la rue Saint-Dominique. Il est donc incontestable que ce chemin, commun au troisième et au quatrième triage, c'est la rue de Grenelle. Ce fait est d'ailleurs pleinement confirmé par la rubrique même du troisième triage et divers de ses passages, où il est question de pièces de terres « sur le chemyn aux Vaches, à l'entrée de la ville (1) (carrefour de la Croix-Rouge), aboutissant d'un bout au chemyn aux Vaches, d'autre bout au chemyn allant de Saint-Père à Grenelle » (rue Saint-Dominique) ou « aboutissant d'un bout au chemyn aux Vaches, et d'autre bout au chemyn des Treilles » (aussi la rue Saint-Dominique, comme nous l'avons fait voir). Nous pouvons encore citer comme probant au dernier degré, un titre de 1524, où une maison est dite « faisant le coing de la rue aux Vaches, tenant d'une part à Jehan le Jongleur, et d'autre part à la grande rue du Four » (indiquée ici pour le carrefour de la Croix-Rouge), et un autre de 1585, où il est parlé de « la rue des Vaches près la Croix-Rouge. » Il est absolument impossible de rapporter ces indications à la rue Saint-Dominique.

D'un autre côté, par un titre de 1542, cité par Jaillot lui-même, et où le chemin aux Vaches est énoncé « autrement dit de la Justice, » il est certain que les deux désignations s'appliquaient à une même voie, et par suite, si nous établissons que le chemin de la Justice ne peut être la rue Saint-Dominique, nous rendons évident que la rue des Vaches, du texte cité, est la rue de Grenelle. Or nous savons parfaitement où s'élevait le gibet ou justice de l'Abbaye; divers vieux plans gravés et manuscrits nous ont permis de constater avec la dernière précision qu'il était situé à un peu moins de 400 mètres de l'axe des Invalides sur un chemin dont nous parlerons plus loin et qu'a fait disparaître le percement de l'avenue de la Motte-Piquet. La rue Saint-Dominique en étant plus éloignée d'environ 120 mètres, que de la rue de Grenelle, cette dernière méritait donc bien mieux le nom de chemin de la Justice que l'autre qui ne conduisait qu'au port voisin de l'extrémité occidentale des îles. Au reste, les titres ne laissent pas de doute sur ce fait que le chemin de la Justice partait non point du voisinage de la chapelle Saint-Père, mais bien du carrefour de la Croix-Rouge; les passages suivants en font foi :

(1) Il s'agit de la ville de Saint-Germain et non de Paris.

« Maison... rue du Four, tenant d'une part à Jehan Pasquier et d'autre part au grand chemin tenant à la Justice (1534). — « Chemin allant de la rue du Four à la Justice » (1531). — « Cinq quartiers derrière le Sépulchre tenant... au chemin allant à la Justice, et à l'entrée du boulloner (carrefour) (1), aboutissant d'un bout à la rue du Sépulchre (du Dragon), et d'autre bout au petit chemin allant dudict Saint-Germain à Saint-Père (extrémité sud de la rue des Saints-Pères) » (15...). — « Cinq quartiers (les mêmes) tenant d'une part au chemin du Sépulchre (rue du Dragon), d'autre au chemin du Cimetière aux malades (rue des Saints-Pères), aboutissant d'un bout sur la terre du Sépulchre, et d'autre bout au chemin qui tend de la rue du Four à la Justice » (1535). — « Maison rue du Four, sur le chemin de la Justice » (1530). — Il est ainsi incontestable que le chemin de la Justice est le même que la rue de Grenelle; mais, il faut le remarquer, c'est surtout dans sa partie occidentale que ce nom lui appartenait, au XVIe siècle, car après une bifurcation qu'elle offrait à une certaine distance du carrefour, et dont nous parlerons dans le quatrième triage, c'est son embranchement méridional qui était le vrai chemin de la Justice, puisqu'il passait au pied même des fourches patibulaires. Ce chemin, aujourd'hui supprimé, est celui qui s'est aussi appelé « le Chemin-Neuf » que Jaillot n'a pas su distinguer de la rue de Grenelle.

Un autre embranchement de cette dernière, qui, du terrain où sont aujourd'hui les Invalides, conduisait au port de Grenelle, lui a fait donner quelquefois le nom de « chemin du Port » (1529, 1535), dès le voisinage du carrefour de la Croix-Rouge.

Le censier de 1355 fait mention de « la voie aux Vaches » et des « deux chemins aux Vaches, » dont l'un doit être la rue Saint-Dominique ou la rue Taranne. En 1406, on disait « le chemin aux Vaches, » en 1416, « le Petit Chemyn des Vaches comme l'on va à Grenelle. » En 1419, « petit Chemin aux Vaches » seulement; en 1419, « Grand chemin des Vaches. » A cette dernière date on trouve déjà l'indication du « chemin de la Justice, » dit quelquefois « grant chemyn de la Justice » (1534), ou « chemin tendant à la Justice » (1543), et plusieurs titres offrant l'emploi simultané des deux dénominations.

La rue de Grenelle était, beaucoup plus que la rue Saint-Dominique, le chemin qui conduisait au lieu dit Garnelles; de là il faut

(1) Le carrefour de la Croix-Rouge est appelé « carrefour de la Justice, » dans un titre de 1529.

conclure que l'appellation de « voye de Garnelles » du censier de 1355 s'y rapporte exclusivement. Il est certain qu'on l'énonçait « le grand chemin de Garnelles » en 1440; cette locution et celle « de chemin de Garnelles » simplement, étaient fort communes au XVIe siècle. Sur un plan de 1670, on lit « chemin de la Forest, » à cause du territoire voisin dit la Forêt. » Sur un autre plan de 1674, c'est la rue de la Grande-Forest. » Enfin, sur un troisième plan de 1698, c'est « le petit chemin de Grenelle, » par opposition au Chemin-Neuf appelé, mais par abus, « grand chemin de Grenelle. »

Au commencement du XVIIe siècle, la rue de Grenelle était fermée par une porte, un peu au delà de la rue de la Chaise.

Rue des Saints-Pères. — (*Voy.* premier triage.)

Rue des Rosiers. — Elle se distinguait peu de la rue de la Chaise qui la continue. Dans un titre de 1523, elle est énoncée « chemin qui tend de l'église Sainct-Père à la Maladerie, » et d'autres documents l'indiquent par des formules équivalentes. Il n'est donc pas vrai que, comme l'a supposé Jaillot, elle ait été percée au commencement du XVIIe siècle. Au reste, un texte que nous citons dans l'article suivant et extrait de l'arpentage de 1529, ne permet pas de douter qu'elle existât alors; elle y est en effet aussi clairement désignée que possible. Nous ignorons l'origine de son nom actuel.

Escorcherie et petite Voyerie. — Ces deux noms ont été donnés simultanément, au commencement du XVIe siècle, à l'îlot compris entre la rue des Saints-Pères, la rue des Rosiers, la rue de Grenelle et la rue Saint-Dominique. Dans le troisième triage se trouve l'indication de cinq arpents appartenant à l'Abbaye, qui se rapportent à cet ilot, et sont dits « derrière le Sépulchre, au lieu dit la Petite Voyerie, tenant d'une part au chemin qui va du carrefour à Saint-Père, et d'autre au chemin qui va de Saint-Père à la Maladerie, aboutissant d'un bout au chemyn aux Vaches, et d'autre bout au petit chemyn de Sainct-Père (ici l'entrée de la rue Saint-Dominique). » Le nom de petite Voirie vient de ce que, en 1516, cinq quartiers furent donnés là aux bouchers de Saint-Germain « pour estre employés à faire voirye, pour y porter les issues et excrémens des bestes qui seroient tuées. » Le lieu s'appelait déjà alors l'Escorcherie; peut-être est-ce le même que « l'Escorcherie aux chevaux » des censiers de 1365 et de 1510.

Chemin ou *rue du Bac.* Nous avons dit dans la Notice sur le Pré aux Clercs que nous n'avions découvert aucune mention du chemin du Bac avant 1580, et nous avons ajouté qu'il ne pouvait être ancien alors. Nous croyons qu'il n'avait point dix ans d'existence; c'est du moins ce que nous pensons devoir conclure d'un document que nous indiquerons dans l'*Histoire du Louvre et des Tuileries*, dont nous nous occupons en ce moment.

Sablonnière. — Au delà de la rue des Rosiers, s'étendait sur un espace dont nous ignorons l'étendue, un territoire nommé « la Sablonnière. » Comme il y avait plusieurs lieux désignés de même dans le fief de l'Abbaye, nous ne pouvons déterminer si c'est bien de celui-ci qu'il est question dans le censier de 1355; mais nous avons vu dans les archives de l'Hôtel-Dieu, la mention d'un « moulin... appellé la Sablonnière, » qui pourrait être celui qui avait donné un nom à cette région, car il est dit se trouver « entre le moulin (celui de la butte) et la Justice de Saint-Germain des Prés, » ce qui convient d'une manière satisfaisante à l'emplacement que la Sablonnière doit avoir occupé. Cet emplacement était compris entre les rues Saint-Dominique et de Grenelle, puisque plusieurs documents énoncent des terrains sis à la Sablonnière et aboutissant au chemin des Treilles et à celui des Vaches. (*Voy.* aussi quatrième triage.)

Couppetresse. — A la Sablonnière il y avait un canton dit « Couppetresse; » dans un titre de 1543, nous avons lu : « au fond de la Sablonnière, au lieu dit Couppetresse; » nous avons également constaté qu'une terre de 9 arpens, sis au lieu de Couppetresse, aboutissait « au chemin des Vaches, » et que ce territoire était « au-dessus de la Malladerie, » ce qui confirme l'indication qui précède (1). La mention de « Couppetresse » se trouve dans le censier de 1355. On a également écrit *couppetrece*, et par corruption *coupeterre.*

La Raye-Tortue ou *Courbeurue.* — Le lieu nommé « la Raye-Tortue, dit Courbeurue » (1529), aussi énoncé « Courbeure » (1355), « Courbevoue » (1365), « Corbevoe, » (1534) et « Courberue, aultrement dit les Sablonnières » (1543 (2)), ne se trouve indiqué dans l'arpentage de 1529, qu'au troisième triage; il devait donc se trouver compris entre la rue Saint-Dominique et la rue de Grenelle; il est prouvé également par le même document, qu'il était situé au-dessus de la Sablonnière; mais cela ne nous apprend que d'une manière vague sa situation réelle, puisque nous ne savons où finissait la

(1) Ces mots, « au-dessus de la Maladerie, » peuvent donner à croire que Couppetresse se trouvait au sud de la rue de Grenelle, comme s'y trouvaient certainement des terrains du quatrième triage énoncés « à la Sablonnière. » Nous lisons dans le censier de 1547 qu'une terre sise « au-dessus du lieu où naguères soulloit estre la Malladerye dudict Saint-Germain des Prés, ou lieu dict Couppeterre, » aboutissait d'un bout « sur le chemyn allant de la Malladerye à Garnelles (rue de Babylone).

(2) « Au chantier de Corbeure, aultrement dict les Sablonnières. » (Censier de 1547).

Sablonnière. Il est à croire que le territoire de Courbeurue était voisin de celui qu'occupe l'Esplanade des Invalides. Si l'on s'en rapporte à l'arpentage, il aurait dû commencer avant la rue de Bourgogne, car il en est question après l'énumération de 27 arpents, à partir de la rue des Rosiers.

Ces dénominations *Raye-Tortue* et *Courbeure*, impliquent l'idée d'une voie sinueuse ; quelle était cette voie? Si c'était ou une portion de la rue de Grenelle, ou une portion de la rue Saint-Dominique, il semble qu'il devrait en être parlé, soit dans le quatrième triage, soit dans le second ; et c'est ce qui n'a pas lieu. S'agit-il donc d'une voie supplémentaire placée entre les deux et aujourd'hui disparue? *A priori*, on est disposé à l'admettre; et l'hypothèse acquiert un haut degré de vraisemblance, lorsqu'on voit que sur le plan de 1670, au nord de la rue de Grenelle, est tracé un chemin courbe qui, se détachant de cette rue, à un point qui n'est pas marqué, va la rejoindre à une certaine distance au delà de l'Esplanade des Invalides. Il est donc assez probable que c'est là la raison pour laquelle ce lieu portait les noms que nous venons de dire ; cela semble surtout admissible, lorsqu'on observe que le terrain du troisième triage offre en ces régions un certain renflement qui est une présomption en faveur de l'existence d'un sentier intermédiaire ; aussi n'hésiterions-nous pas à considérer le fait comme acquis, si d'autres raisons ne venaient tendre à faire sérieusement douter qu'il doive passer pour l'être. Ainsi, non-seulement il n'existe plus aucune trace du sentier, ce qui peut être, il est vrai, le résultat du bouleversement complet du terrain, mais on n'en trouve aucune indication sur d'autres plans, et particulièrement sur celui, très-curieux et bien fait, du terrain qui fut acheté pour l'établissement de l'hôtel des Invalides et de ses dépendances. Or, on s'explique mal comment le sentier, qui n'était certainement pas encore disparu à l'époque où le plan a été dressé, n'y est pas représenté. D'un autre côté, il nous paraît encore plus singulier qu'il ne se rencontre nulle part d'énonciation de terres aboutissant d'une extrémité sur la Raie Tortue, et de l'autre, soit sur la rue de Grenelle, soit sur la rue Saint-Dominique. Quoi qu'il en puisse être des raisons qui ont fait donner au territoire de Courbevoe, le nom qu'il a porté, il paraît qu'il s'étendait primitivement plus loin qu'il ne le faisait au XVIe siècle ; car, dans le censier de 1365, un demi-quartier de terre, en courbevoe, est dit aboutir à la Petite-Seine. Nous avons déjà fait remarquer qu'on l'a aussi confondu avec le lieu dit l'Avallouer, du second triage.

Grenelle. — C'est dans le terrain du troisième triage, mais prolongé au delà des limites de la seigneurie de l'abbaye Saint-Germain que se trouvait le lieu qu'on appelait avant la Révolution le château de Grenelle, et qui est aujourd'hui transformé en école de gymnastique pour les militaires. Il était dans la censive de l'abbaye Sainte-Geneviève, et lui appartenait. Au XVIe siècle, on le nommait « la Ferme de Grenelle, » et il en dépendait de vastes terrains. C'était primitivement une garenne, dont le nom latin *garanella*, transformé en ceux de *garnelles*, *guernelles*, *grenelle*, s'est étendu à tous les environs.

QUATRIÈME TRIAGE.

« LE QUATRIESME TRIAIGE COMMENÇANT AU BOULLOUER, PRÈS LES MURAILLES DUDICT SAINT-GERMAIN, ENTRE LE CHEMYN AUX VACHES ET LE CHEMYN DE GARNELLES, TIRANT JUSQUES AUDICT GARNELLES ET AUX TERRES DE SAINCTE-GENEVIEFVE. »

(Ce triage comprend la partie occidentale de l'îlot renfermé entre le carrefour de la Croix-Rouge, la rue de la Chaise, la rue de Sèvres et la rue de Grenelle, et se prolonge ensuite entre cette dernière rue et celle de Babylone.)

Rue de Babylone. — Cette rue doit son nom moderne à Bernard de Sainte-Thérèse, évêque de Babylone. Les auteurs ne paraissent pas avoir su qu'elle est ancienne, et n'en fournissent aucune indication avant le XVIIe siècle. Elle existait cependant bien auparavant, et c'était le chemin qui conduisait directement de la maladerie de la rue de Sèvres à la ferme de Grenelle. L'arpentage de 1529 et d'autres documents de 1448, 1531, etc., la nomment « chemyn allant de la malladerye à Garnelles, » et quelquefois, par abréviation, « chemyn de Garnelles. » Dans un titre de 1676, elle est énoncée « chemin de la Maladerie, autrefois dit de Grenelle. » A cette époque, elle subsistait encore en entier. La construction successive des Invalides, puis de l'École militaire, sur l'emplacement de laquelle elle passait, en a fait disparaître une grande partie, et au delà du lieu où elle finit aujourd'hui, il ne s'en voit plus rien. Nous avons pu néanmoins la retracer complétement à l'aide des anciens plans que nous connaissons : il en est d'ailleurs resté, jusqu'au temps de Verniquet, des traces qui nous ont servi de jalons.

La rue de Babylone est probablement la voie indiquée sous le nom de « le Grant-Sentier, » dans une charte de 1459, où il est question d'un « demi-arpent à la Garenne... aboutissant, par haut, au Grant-Sentier, et, par bas, au Chemyn-Neuf. »

Chemin-Neuf. — Le terrain, qui formant le quatrième triage offre cette particularité, qu'il était parcouru dans sa longueur par une voie courbe qui, partant d'un point de la rue de Grenelle, allait s'y réunir un peu avant la ferme de Grenelle. De cette voie, il ne reste plus aujourd'hui qu'un seul fragment, peu important, qui formait son extrémité occidentale, et que représente la rue Dupleix; mais nous avons pu retrouver la plus grande partie de son parcours, au moyen de plusieurs plans manuscrits et inédits que nos recherches nous ont fait connaître, et que nous sommes probablement seul à avoir jamais étudiés. Le premier est un plan des terrains achetés pour la construction de l'École militaire; le second est un plan des terrains sur lesquels a été percée l'avenue de la Motte-Piquet; le troisième est celui des terrains sur lesquels a été élevé l'Hôtel des Invalides. Ces trois plans sont précis, et en nous aidant de quelques indications qu'offrent certains autres, nous avons pu retracer rigoureusement le che[illegible]n supprimé, jusqu'au boulevard oriental des Invalides; mais, pour le prolonger au delà, nous n'avons plus pour nous guider qu'un plan de censive des archives de l'Abbaye, portant la date de 1670. Malheureusement, ce plan est fort peu exact et ne permet pas de déterminer à quelle place se bifurquait la rue de Grenelle, ce que, d'après quelques traces fort vagues, nous supposons avoir eu lieu à peu près à la hauteur de la rue du Bac; le terrain a été tellement bouleversé lors du percement de la rue de Varennes et de la construction des hôtels qui en ont été la conséquence, qu'on ne peut rien affirmer de positif à ce sujet. Nous avons bien vu un titre de 1489 où il est question du « coing » que formaient les deux chemins, mais il nous a été impossible d'en tirer aucune lumière.

Le chemin dont nous parlons est celui qu'on nommait le « Chemin-Neuf. » Il n'était point ancien, en effet, et ne remonte probablement pas au delà de 1450. Pour s'expliquer les raisons qui l'ont fait établir, il suffit de jeter les yeux sur un plan et de remarquer que l'espace compris entre la rue de Grenelle et la rue de Babylone, qui menait aussi, anciennement, à Grenelle, n'a pas moins de 700 mètres de largeur en une place, et avait ainsi besoin d'être traversé par une route facilitant l'exploitation des terres, toutes en c[illegible]ture, de cette région. Le Chemin-Neuf est énoncé « le chemin nouvellement fait pour l'amendement des... terres, » dans une pièce de 1489.

Comme nous l'avons fait observer, Jaillot a confondu le Chemin-Neuf avec la rue de Grenelle : il est bien certain que c'étaient deux voies distinctes ayant seulement un tronc commun. En voici les preuves : 1° Dans l'arpentage de 1529, il n'est question du Chemin-Neuf que dans le seul quatrième triage ; or, si ce n'était pas la voie que nous disons, il en serait infailliblement question dans le troisième aussi, puisque ce dernier est limité par la rue de Grenelle, qui y est très-fréquemment énoncée ; — 2° dans un titre de 1524, il est fait mention de « deux arpents au lieu dit les Garennes... aboutissant par hault à Pierre Lescuyer, au (*sic* pour *le*) Chemin-Neuf entre deux, et, par bas, au grant chemin par lequel on va dudict Saint-Germain à Garnelles ; » mais, ainsi que nous l'établirons plus bas, la Garenne et la Grande-Forêt étaient un même lieu, situé entre la rue de Grenelle actuelle et le chemin supprimé que nous disons être le Chemin-Neuf, et nous savons aussi que le grand chemin de Grenelle est la rue qui en porte encore aujourd'hui le nom ; donc, le Chemin-Neuf est celui que nous indiquons ; — 3° le fait de terres aboutissant d'une extrémité « au Chemin-Neuf » et de l'autre, « au grant chemin de Garnelles, » se trouve même indiqué dans les titres de 1529 ; conséquemment, ces deux désignations ne s'appliquent pas à une même route, et il faut que le Chemin-Neuf soit au nord ou au sud de la rue de Grenelle ; mais s'il était au sud, il serait du troisième triage ; il était donc au nord et ne différait pas du chemin supprimé.

Une autre sorte d'inductions mène à un semblable résultat. Dans un acte de 1509, le Chemin-Neuf est dit « le chemin neuf de la Justice ; » dans un autre, de 1511, celui « par où l'on va à la Justice dudict Saint-Germain au terrouer de Garnelles ; » dans un autre encore de 1531, il est dit « tendant à la Justice. » Or, la position des fourches patibulaires de l'Abbaye nous est connue par des documents graphiques qui constatent qu'il était situé sur le bord méridional du chemin supprimé. C'était donc le chemin véritable par lequel on accédait au gibet ; aussi est-il énoncé dans une transaction de 1589, « le chemin qui va du chemin aux Vaches (rue de Grenelle) à la Justice dudict Saint-Germain. » Aucune autre route ne pourrait être désignée de cette façon. Nous trouvons une preuve de plus dans une pièce de 1530, où il est parlé de 3 quartiers de terre « sur le chemyn de la Justice.. aboutissant.... au chemyn des Vaches, » qui, le lecteur le sait maintenant, est la rue de Grenelle. Une pièce de 1534 nous fournit également un fait à l'appui des autres ; il s'agit d'une propriété « au hault de Garnelles, aboutissant au Chemin-Neuf, » et l'ancien plan des Invalides place le lieu, dit le « hault Garnelle, » entre la rue de Babylone prolongée et le chemin supprimé.

Nous trouvons l'appellation du Chemin-Neuf usitée dès 1489. Au XVIIe siècle, lorsqu'une partie de ce chemin fut supprimée et remplacée par la nouvelle rue de Varennes, comme le tronçon subsistant se raccordait avec cette dernière, il a été confondu avec, et, dans un bail de 1672, il est dit « chemin de la Varenne, tendant du fauxbourg Saint-Germain aux pilliers de la Justice dudit lieu. » Dans un autre bail, de 1674, il est appelé « rue de la Grande-Forest. » Ces deux dernières désignations proviennent de ce qu'il longeait un territoire ainsi dénommé.

La Grande Forest, la Garenne, aussi *le Mont Saint-Germain, la Plante au Rouge*. — Sur ce plan ancien du terrain des Invalides, que nous citons souvent, parce qu'il est très-fécond en renseignements, un espace compris entre le Chemin-Neuf et la rue de Grenelle et sur partie duquel se trouve la grande cour de l'hôtel, est indiqué sous le nom de la Grande-Forêt, sans doute à cause de quelque chantier ayant cette enseigne, car il est sûr qu'il n'y avait aucun bois à cet endroit. Cette dénomination dont nous ne trouvons pas d'exemple avant 1599, et qui ne paraît pas encore avoir été en usage dans la première moitié du XVIe siècle, doit être appliquée à un même lieu que celui qu'on appelait précédemment la Garenne, car nous avons lu dans un contrat de vente de 1671 « la Garenne ou la Grande-Forest. » Il est souvent mention dans les archives de l'Abbaye, de ce territoire de la Garenne, aussi appelé le Mont Saint-Germain, et plus anciennement les Plantes-Rouges. Ainsi on trouve l'énonciation de terres situées « es Garannes dudict Saint-Germain, au lieu anciennement appelé le Mont Saint-Germain » (1496); « ou terrouer et Garennes dudit Saint-Germain, ou lieu dit le Mont Saint-Germain, autrement les Plantes-Rouges » (1491); « au terrouer de Garnelles, appellé les Garennes » (1491); « au lieu dit la garenne Saint-Germain, autrement dit Grenelles » (1491); « à la Plante au rouge » (1355); « en la Garanne » (1355). Les tenants et aboutissants de ces terres confirment d'ailleurs parfaitement la position que nous leur attribuons; une est dite « aboutissant... sur le grant chemin de Garnelles » (1490); une autre : « aboutissant d'un bout au chemin par lequel on va dudit Saint-Germain à Garnelles, et d'autre bout au grant chemin de Garnelles » (1492); une troisième : « au terrouer de Garnelles, près la Justice Saint-Germain des Prés, ou lieu dit le Mont Saint-Germain, tenant d'une part et aboutissant d'un bout au Chemin-Neuf » (1532); mais il paraît que, par extension, l'espace compris entre la rue de Grenelle et la rue Saint-Dominique, a été considéré aussi parfois comme faisant partie de celui de la Garenne ou de la grande Forêt ; nous disons cela parce que nous avons vu dans un acte de 1530 l'indication d'un arpent de terre « la Garenne, » aboutissant d'un bout au chemin aux Vaches (rue de Grenelle), et d'autre bout sur le chemin aux Treilles (rue Saint-Dominique) » et dans la pièce de 1599 où il est parlé d'une propriété sise « au lieu dit la grande Foirest; » cette propriété est désignée comme « tenant..... d'un bout au chemin de Grenelle, et d'autre bout, au chemin du port. » Ces formules signifieraient-elles seulement que les biens à propos desquels furent rédigés les actes, étaient seulement devant la Garenne? Ce qui nous empêche de l'admettre, c'est qu'on retrouve des formules analogues dans le troisième triage, par exemple « ung quartier... à Garnelle au lieu dit la Garenne... aboutissant au chemin aux Vaches. » La région à laquelle ces derniers passages se rapportent s'appelait la *petite Forest*, en 1613 et 1642 (1). Au reste, il y avait une « haute Garenne » (1355), distinguée de la basse; or, comme il semble évident que ces appellations de haute Garenne et haut Garnelles, désignent un même lieu, connaissant l'emplacement du haut de Garnelles, nous avons aussi celui de la haute Garenne; elle se trouvait au nord de la basse, et du côté de la rivière par rapport au Chemin-Neuf, qui a pu former la limite entre les deux. Une pièce de 1489, ayant trait à un champ situé « au lieu dit haute Garenne près Grenelle, » l'indique en effet comme « aboutissant au Chemin-Neuf (2). » Le censier de 1547 fournit un enseignement semblable.

Borne rouge. — Vers l'extrémité occidentale du quatrième triage, il y avait un lieu dit « la Borne rouge, » suivant l'arpentage de 1529, et une pièce qui y était située, aboutissait au chemin de Grenelle. Ce lieu de la Borne rouge doit être le même que celui de la Borne brûlée, » qu'un titre de 1491 énonce comme situé « aux Garennes, » et un autre de 1497 montre avoir confiné « au chemin par où l'on va de la Maladerye à Grenelle. » Un troisième titre, datant de 1489, parle encore d'un terrain, « au lieu dit la Borne taillée... aboutissant sur le chemin de Garnelle; » cette borne taillée ne diffère peut-être pas des deux autres.

(1) L'arpentage de 1529 dit simplement « à Garnelles. »

(2) Sur un plan de 1753, un vaste terrain se terminant à la ferme de Grenelle et compris entre le chemin de la Justice et la rue de Grenelle, est nommé chantier de la Grande-Forest, et le terrain situé au-dessus, entre la rue de Grenelle et la rue Saint-Dominique, chantier de la Petite-Forest. Dans ce plan, la rue Saint-Dominique est appelée rue des *Vaches* ou du *Gros-Caillou*, et la rue de Grenelle, *chemin des Marais*.

Pique-Puce.—Dans un titre de 1535, nous avons trouvé la mention d'un quartier de vignes « au terrouer de Grenelle, au lieu dict Picque-Puce, tenant d'un bout au chemin des Vaches ; » nous n'avons obtenu aucun éclaircissement sur ce lieu de Pique-Puce.

Les Graniers, le haut de Grenelle — D'après l'ancien plan des Invalides, le terrain situé au sud du Chemin-Neuf, dans le voisinage de l'hôtel, s'appelait le haut de Grenelle; celui situé au-dessus, le long du chemin de la Maladerie, s'appelait Frécul (1), et celui situé à l'ouest des précédents, entre les deux chemins, sur l'emplacement de l'École militaire actuelle, et jusqu'aux limites du territoire de l'abbaye Saint-Germain, avait nom les Graniers. Nous ignorons si l'appellation de Frécul est ancienne, car nous ne l'avons pas rencontrée avant 1621 ; mais nous savons que le territoire ainsi énoncé a été confondu avec celui dit le Haut de Grenelle, puisque dans une transaction de 1675 on lit « au lieu dit le hault de Grenelle, autrement les Frécus. » Plus anciennement les Graniers n'étaient pas distincts du Haut de Grenelle, car un titre de 1531 mentionne « le hault de Grenelle, autrement les graniers. » Un autre titre, de 1534, montre d'ailleurs que ces lieux étaient effectivement bornés d'un côté par le Chemin-Neuf. D'après l'arpentage de 1529 tous ces terrains étaient plantés de vignes et s'appelaient les vignes de Grenelle.

La Justice. — Le censier de 1355 fait mention du « gibet » de l'Abbaye. « Ce gibet qui a subsisté jusque sur la fin du règne de Louis XV, était situé au lieu où le Chemin-Neuf rencontrait le côté méridional de l'avenue de la Motte-Piquet; il n'y a pas longtemps que l'emplacement où il se trouvait et qui parait être celui qu'on appelait le champ de la Justice (1529), a été couvert par une construction. Plusieurs anciens dessins ou gravures nous représentent l'aspect qu'il offrait avant d'être détruit; il se composait alors, et probablement depuis bien longtemps, de trois piles de maçonnerie disposées de façon à former un angle droit, et reliées à leur sommet par deux poutres auxquelles on suspendait les corps des suppliciés. Les fourches de l'abbaye Sainte-Geneviève, voisines de Vaugirard, présentaient une disposition analogue.

(1) Le plan manuscrit de 1670, très-probablement faux sur ce point comme il l'est certainement sur d'autres, place la terre de Frécul au delà du chemin de la Maladerie, sur le chemin Blomet.

CINQUIÈME TRIAGE.

« LE CINQUIESME TRIAIGE COMMENÇANT DERRIÈRE LES MURS DE LA MALLADERYE DUDICT SAINT GERMAIN, ENTRE LE CHEMYN DE GARNELLES ET LE CHEMYN DE SEVRE, JUSQUES AUDICT GARNELLES ET TERROUER DE SAINTE GENEVIEFVE. »

(Compris entre le derrière de l'hospice des Ménages, les rues de Babylone et de Sèvres. Pour plus de commodité, nous le ferons commencer à la rue de la Chaise.)

Rue de Sèvres. — On lit dans l'ouvrage de Jaillot que cette rue s'appelait rue de la Maladerie dès le XIIIe siècle; si nous n'avons pas vu de documents si anciens y ayant rapport, au moins nous sommes parfaitement sûr qu'au commencement du XVIe siècle encore, la rue de Sèvres n'était point une rue, mais seulement un chemin bordé de terres en culture. On la nommait alors « grand chemin de la Malladerie » (1531, 1534, etc.,) et bien plus souvent « chemin de Sèvre, » désignation en usage aussi dans le XVe siècle et dont l'équivalent « voie de Sèvre » se trouve dans le censier de 1355. On sait que c'était la route qui conduisait du bourg Saint-Germain au village de Sèvres (*Separa*), de l'origine duquel elle est sans doute à peu près contemporaine; elle conduisait de même à Meudon; nous l'avons vue énoncée dans un ensaisinement de 1534 « chemin tendant dudit Saint-Germain à Meudon, appellé chemin des Charbonniers; » il s'agissait de la partie située au-dessus, mais près de la Maladerie. Le chemin de Sèvres, au delà de Grenelle, est appelé de même chemin des Charbonniers sur un plan de 1671.

Dans divers documents le commencement de la rue de Sèvres, vers le carrefour, est considéré comme faisant partie de la rue du Four et en porte le nom. Dans le censier de 1547, il est appelé « chemin du Boullouer, » à cause d'un jeu de boules sur lequel nous reviendrons.

Rue de la Chaise. — Cette voie est probablement presque aussi ancienne que la Maladerie, dont elle était voisine, et pour les besoins de laquelle elle aura été faite. Dans l'arpentage de 1529, elle est énoncée « chemyn qui va de la Malladerye à Saint-Père » et « chemyn qui va du moulin à vent à la Malladerye. » Ces deux formules comportent la même idée et montrent qu'on ne distinguait pas entre la rue de la Chaise et celle des Rosiers, qui se continuent l'une l'autre. Le nom de rue de la Chaise est emprunté à une enseigne. Les archives de l'église Saint-Sulpice nous en fournissent le premier exemple : la rue y est dite, sur un acte de 1588, « rue de la Chaise, qui tend de la Maladerye au moulin à vent du Pré aux Clercs. » C'est peu avant cette époque qu'on a commencé à y bâtir des maisons.

La Maladerie. — Placée hors de la ville, comme Saint-Lazare, et pour les mêmes raisons, cette léproserie s'appelait ordinairement la Maladerie-Saint-Germain ; cependant le censier de 1355 la nomme « la Malladerie Saint-Thomas, » ce qui impliquerait qu'il s'y trouvait une chapelle dédiée sous ce vocable. On ne sait rien, au surplus, ni de sa fondation, ni de son organisation, ni de ses revenus, et cela n'a point lieu de surprendre lorsqu'on songe à l'époque déjà ancienne à laquelle elle a été supprimée. C'est en effet l'an 1544, dit Jaillot, en copiant D. Bouillart, que le parlement, informé que les lépreux retirés à la Maladerie, n'ayant point de ressources régulières, se répandaient dans la ville pour y mendier, au risque de propager leur mal, ordonna qu'elle serait détruite et les matériaux réservés pour en bâtir une autre dans un lieu plus éloigné, ou adjugés au profit des pauvres. Mais le cardinal de Tournon, abbé de Saint-Germain, sans tenir compte de l'arrêt, et invoquant sans doute sa qualité de seigneur foncier, vendit à son profit les matériaux et bailla le terrain au sieur Gellinard, secrétaire du duc d'Orléans, moyennant 300 livres une fois payées, 30 livres de rente, et 7 sols 6 deniers de cens par arpent. Nous avons quelque peine à concilier ce récit avec ce fait, constaté par nous sur des pièces originales provenant des archives des hôpitaux, que la Maladerie, qui se composait d'une maison ayant pour enseigne l'image Sainte-Geneviève, avec cours, étables et jardin, et contenant environ 3 arpents, fut vendue, le 3 et le 15 février 1554, par un nommé Robert Fallentin, aux commissaires des pauvres, moyennant 100 livres tournois de rente rachetable pour 2000 livres, et que le lieu devait être « applicqué à hospital pour les paouvres de la ville et faulxbourgs de Paris. » Au sujet de cet hôpital, qui a été nommé l'hôpital Saint-Germain, Corrozet s'exprime ainsi :

« L'an mil cinq cent cinquante-sept, fut basty de neuf un hospital, pour loger et retirer les pauvres hors les fauxbourgs Sainct-Germain-des-Prés; ledit lieu n'est presque entretint que des ausmosnes des citoyens et bourgeois de Paris, chose grandement charitable, car en ce lieu y a grande abondance de pauvres. »

Le grand bureau des pauvres envoyait encore les malheureux

à l'hôpital Saint-Germain au commencement du XVIIe siècle. La chapelle en fut rebâtie et consacrée le 6 avril 1615. En 1657, la ville ayant fait acquisition du tout, y établit l'hôpital dit des Petites-Maisons, aujourd'hui des Ménages.

La Garenne. — A peu près à la hauteur de la rue des Brodeurs commençait le territoire dit « la Garenne, » qui s'étendait jusqu'aux limites de la seigneurie de l'Abbaye. Un titre de 1558 mentionne « quatre arpens à la Garenne, derrière la Malladerie, entre le chemin qui va de ladicte Malladerie à Garnelles, et celui qui va dudict Saint-Germain à Sèvres. » et nous avons dit que « la Garenne » est indiquée dans le censier de 1355. Mais la Garenne du cinquième triage parait avoir eu aussi le nom particulier de Basse-Garenne, par opposition à la Haute-Garenne du quatrième triage. Dans un acte de 1531, il est parlé d'une terre « à la Basse-Garenne....., aboutissant sur le chemin de Sèvres, » et dans une pièce de 1529, on énonce une vigne ou lieu dit « les Basses-Garnelles, anciennement les Plantes. » Cette appellation des *Plantes*, que nous trouvons dès 1451, peut avoir été primitivement le nom commun des deux Garennes. Aussi bien, il semble qu'il n'y avait pas de différence entre le sens des deux mots *Garenne* et *Garnelle ;* car nous trouvons de même « à la Garenne, devers la Maladerie en 1438, » et « au lieu dit Garnelles, près la Maladerye, » en 1549 ; « la Basse-Garenne » en 1531 et « le bas de Garnelle » ou « le Bas-Garnelle » en 1530 et 1529 ; nous pensons donc qu'il n'y a pas lieu d'établir de distinction entre les deux expressions, lesquelles sont employées simultanément dans le cinquième triage de l'arpentage de 1529.

On a vu plus haut que le territoire de Garnelles s'étendait au nord, jusqu'à la rue Saint-Dominique.

SIXIÈME TRIAGE.

« LE SIXIESME TRIAIGE COMMENÇANT ENTRE LE BOULLOUER ET LE CHEMYN DE LA VIEILLE THUYLLERIE, ALLANT A VAUGIRARD, JUSQUES AU FOND DES MARIVAULX, FAISANT SEPARATION DUDICT TERROUER DE SAINTE GENNEVIEFVE. »

(Commençant au carrefour de la Croix-Rouge, et compris entre les rues de Sèvres, du Cherche-Midi, des Vieilles-Tuileries et du Petit-Vaugirard.

Rue du Cherche-Midi. — C'était le chemin conduisant spécialement du bourg Saint-Germain à Vaugirard ; il est énoncé sous cette formule : « Chemin de Vaugirard, » en 1493, « chemin qui va de Saint-Germain à Vaulgirard, » en 1413, 1531, etc.; mais à cette dernière date, on disait tout aussi fréquemment « chemin de la Vieille-Tuillerie (1529), » et « chemin allant » ou « qui tend de la Tuillerie à Vaugirard » (1510-1523). On a dit encore « chemin qui va de la Vieille-Tuillerie à la Fosse-à-l'Aumônier, » mais ce ne pouvait être que pour désigner la partie comprise entre le carrefour de la Croix-Rouge et la rue du Regard. La tuilerie dont il est question dans les passages que nous venons de citer, est celle qui faisait le coin de la rue du Vieux-Colombier ; on l'appelait souvent la tuilerie Bailli au commencement du XVIe siècle ; plus tard c'était une académie dite « l'académie Chéradame (1543), » du nom de son propriétaire.

Le nom actuel de la rue lui vient, suivant Sauval, d'une enseigne « où l'on avait peint un cadran et des gens qui y cherchaient midi à quatorze heures. » Nous ne savons si ce ne serait pas plutôt quelque cadran remarquable qui aurait au contraire donné naissance à l'enseigne, car nous voyons qu'on se servait déjà en 1613 du mot « chasse-midy, » dont nous avons fait Cherche-midi, pour désigner l'endroit où se trouve la rue. Nous avons lu dans un acte de cette même année : « Au lieu dit *Cassel*, autrement Chasse-midy. » (Voir neuvième triage.)

Dans l'arpentage de 1529, le chemin de la Vieille-Tuilerie, vers l'emplacement occupé aujourd'hui par la rue de Bagneux, est appelé « le chemin de la Poincte, » à cause du voisinage du lieu dit la Pointe de Vaugirard, et plus loin « le chemyn de Vaugirard » seulement.

Carrefour de la Croix-Rouge. — Ce lieu est appelé « le bout de la ville » dans le livre de La Taille de 1292, et « le chief de la ville » dans le censier de 1356 ; c'est effectivement là que s'est terminé le bourg Saint-Germain, jusqu'à la fin du XVIe siècle : une charte de 1411 fait mention de la porte qui s'y trouvait. Au XVe siècle, on disait « le carrefour de la Maladerie, » très-certainement à cause de la maladerie de la rue de Sèvres, et non à cause des granges aux malades de Naples, comme le soutient Jaillot. En 1489, il y avait là un orme qu'on nommait « l'orme du four ; » plus tard on y érigea une croix qui, peinte en rouge, a fait donner au carrefour le nom qu'il porte actuellement. Cette croix est figurée sur le plan de la Tapisserie, mais nous n'avons trouvé l'indication de « la Croix-Rouge » qu'en 1585. Il est douteux qu'elle existât alors depuis longtemps, car les titres n'en parlent jamais un peu antérieurement, époque à laquelle les locutions en usage pour désigner le carrefour étaient celles de « carrefour de la Grant-Rue » (1531), « carrefour du Jeu-de-Boules » (1531), « lieu appelé le Colombier, ou carrefour du Jeu-de-Boules » (1543). Nous avons lu aussi dans un acte de 1529 « le carrefour de la Jistice. » Nous supposons que c'est à cause du voisinage du chemin de la Justice (rue de Grenelle). Cependant Jaillot affirme qu'il se trouvait réellement des fourches au carrefour. Si le fait était vrai, il serait bien étrange qu'il ne s'en trouvât aucune trace dans les nombreux documents relatifs à cette région, qui nous sont passés par les mains. Le plan de la Tapisserie indique, il est vrai, un gibet dans les environs, mais c'est au-dessus du carrefour, et la disposition du terrain y est reproduite d'une manière si inexacte, qu'on doit croire que le dessinateur a seulement en vue la représentation de la Justice de Grenelle.

La pointe du carrefour formée par les rues de Sèvres et du Cherche-Midi était occupée, dès 1489, par une maison, jadis grange et bergerie, dont dépendait un arpent de terre en culture placé derrière. La pointe formée par les rues de Sèvres et de Grenelle était partiellement occupée, en 1523, par une maison où l'on avait fait construire trois loges : elle faisait le coin sud de la rue de Grenelle ; contigues et faisant le coin nord de la rue de Sèvres, étaient *les granches aux malades de Naples*. Elles étaient tenues, *precaire*, de l'Abbaye, par Jehan Pasquier, capitaine des archers de la Ville, au nom de laquelle elles furent prises à bail en 1497. Elles se composaient de deux granges, d'une petite cour et d'une masure, le tout contenant environ trois quartiers de terre. Elles furent détruites en 1544, et ne servaient déjà plus d'hôpital en 1510.

Dans un titre de 1535, une propriété faisant le coin septentrional de la rue du Sépulcre et de la rue de Grenelle est dite située « au heurt (1) du carrefour, au-dessoubz du lieu appellé le Jeu-de-Boulles. »

Boullouer ou jeu de boulles. — Toutes les indications que nous connaissons de ce jeu datent de 1523 à 1543 ; nous n'avons pas d'ailleurs vu de titres qui s'y rapportassent directement, de sorte que nous n'avons aucun détail sur sa grandeur et sa disposition, et que nous ne sommes pas même entièrement sûr de son emplacement. Ce qui ressort des renseignements que nous avons pu recueillir, c'est que ce n'était pas une construction, mais plutôt un

(1) Le mot *heurt* est encore employé dans les campagnes, pour désigner un petit mur de soutènement, qui maintient des terres le long d'un chemin. Cette acception convient parfaitement à tous les passages de vieux titres, où nous avons rencontré le mot heurt, aujourd'hui peu connu

terrain qui s'étendait le long de la rue de Sèvres. En effet, dans les actes relatifs aux propriétés qui formaient les coins du carrefour, ces propriétés sont dites tenir du côté de la campagne à des terres en culture, et aucune ne paraît avoir été contiguë au jeu de boules.

La terre à l'Aumosnier. — C'était une pièce de dix arpents qui appartenait spécialement à la charge de l'aumônier de l'Abbaye. Elle était comprise entre les deux chemins et était placée à peu près en face de la Fosse-à-l'Aumônier, c'est-à-dire sur l'emplacement des rues Petite-du-Bac et Saint-Maur.

La Haulte-Borne.—Vingt-cinq arpents sont dits situés à la Haute-Borne dans l'arpentage de 1529. Le territoire, dont le nom était sans doute emprunté à quelque borne remarquable et servant de limite à une propriété, semble s'être étendu à partir de la rue Saint-Romain jusqu'au delà du boulevard Montparnasse. Le censier de 1355 fait mention de « la Haute-Bonne » *sic*.

Fons des Marivaulx. — Les vingt et un derniers arpents du triage en faisaient partie, et il s'étendait jusque sur le fief de l'abbaye Sainte-Geneviève, dont les archives en fournissent une indication sous le nom de *Marivallis* dès 1244, et le cartulaire de Notre-Dame, sous celui de *Marivaus*, dès 1238. Dans le censier de 1355, il est question d'une « voye des Bruières, en Marivaux ; » nous nous sommes demandé si ce ne serait point la même que le *chemin Blomet* rue Plumet, énoncé dans un titre du XVIIe siècle « le chemin Blomet, anciennement dit Marivaux. » Cela offrirait toute vraisemblance si l'on ne remarquait qu'aucun des titres de la première moitié du XVIe siècle n'en fait mention, pas même l'arpentage de 1529, où il serait certes fort surprenant qu'il ne fût pas indiqué s'il eût existé réellement alors. Quoi qu'il en soit, le premier document qui nous soit parvenu, et où il en soit parlé, est un acte daté de 1602 et provenant des Invalides, lequel a rapport à un terrain situé « au lieu dit le jardin d'Olivet » et « aboutissant au chemin de Sèvres, d'autre au chemin de Blomet. » Ce jardin d'Olivet a donné son nom à une rue voisine.

Le Fons des Marivaux formait l'extrême limite, au sud-est, de ce canton de Grenelle, dont l'étendue était si grande.

ADOLPHE BERTY.

(La fin a un prochain numero.)

LES ÉGLISES DE SAUMUR

(MAINE-ET-LOIRE).

Malgré les souvenirs pieux qui s'attachent au sanctuaire vénéré de *Notre-Dame des Ardilliers*, nous négligerons d'en parler davantage, d'autant que ce monument est de date trop récente. Les deux précieux édifices religieux dont nous venons entretenir les lecteurs de la Revue sont les églises *Notre-Dame de Nantilly* ou *Lantilly*, et *Saint-Pierre*.

La première, quoique située au faubourg du pont Fourchard, n'en était pas moins autrefois l'église majeure de la cité. Une petite statue de la Vierge, faite d'un bois très-dur, trouvée, dit-on, dans le champ sur lequel on l'édifia, fit croire que Marie voulait être honorée en ce lieu. C'était au Xe siècle, et à cette époque du moyen âge, il n'en fallut pas davantage pour qu'on se mît à l'œuvre. La précieuse image de la sainte Vierge y est toujours, et comme alors, l'objet d'une vénération toute particulière. La chapelle originaire consistait en une seule nef encore debout, qui depuis a reçu plusieurs additions. Le plein cintre de la voûte, les colonnes engagées et l'ornementation de leurs chapiteaux, n'accusent pas une autre date. C'est une des plus anciennes églises du département. La science archéologique peut encore étudier une belle page de cet art dans le transept et l'hémicycle, où l'œil le moins exercé reconnaîtra l'ouvrage du XIIe siècle. Le seul reproche à faire à la partie terminale de l'édifice est d'être beaucoup trop éclairée. Il est facile d'y remédier en faisant la dépense de vitraux peints, ainsi qu'on l'a fait à Saint-Pierre, où le besoin s'en faisait moins sentir. On ne peut même pas douter que ces fenêtres n'en aient été jadis garnies.

Louis XI, dont la dévotion envers la sainte Vierge est si connue, fonda un chapitre dans cette vénérable église presque aussitôt qu'il eut enlevé l'Anjou au bon roi René, *par surprise et sans coup férir*. C'est aussi ce monarque superstitieux qui fit ajouter à l'édifice le bas côté, unique, construit au midi, où il se réserva un petit oratoire, qu'on y trouve encore ; il semble bien oublié ou tout au moins bien abandonné ; son ornementation est celle des monuments de cette époque ; elle est riche de détails.

RECHERCHES

HISTORIQUES ET TOPOGRAPHIQUES

SUR LES TERRAINS

DE LA PAROISSE SAINT-SULPICE

QUI ÉTAIENT ENCORE EN CULTURE AU XVIe SIÈCLE.

QUATRIÈME ET DERNIER ARTICLE (1).

SEPTIÈME TRIAGE.

« LE SEPTIESME TRIAGE COMMENÇANT AU CHEMIN DE LA FOSSE À L'AUMOSNYER, ENTRE LES DEUX CHEMYNS ALLANT À LA POINCTE DE VAUGIRARD. »

(Compris entre les rues du Regard, de Vaugirard, des Vieilles-Tuileries et du Petit-Vaugirard.)

Rue de Vaugirard. — Voir douzième triage.

Rue du Regard. — Cette rue a emprunté son nom actuel à un regard de fontaine dépendant du Luxembourg, qui était situé au coin oriental des rues Notre-Dame-des-Champs et de Vaugirard. Elle ne l'a porté que dans la seconde moitié du XVIIe siècle, où elle recevait aussi quelquefois celui de rue des Carmes, par suite de sa proximité du couvent des Carmes Déchaussés. Auparavant on l'appelait « le chemin Herbu, » parce qu'elle faisait la continuation de la rue Notre-Dame-des-Champs, qu'on désignait de la même façon; on disait également « le chemin de la Fosse-à-l'Aumosnier, » à cause du voisinage du terrain ainsi dénommé. On lit dans l'arpentage de 1529 : « chemyn de la Fosse-à-l'Aumosnier, dit Herbu; » dans un acte contemporain, « lieu dit Herbu, près la Fosse-aux-Moines » et « le chemin Herbu » dans tous les titres postérieurs. Cette locution n'était pas encore hors d'usage en 1646, et nous avons vu, dans un

(1) Voy. plus haut le troisième article, p. 416.

contrat de cette année, « rue dit la Descente de Montargis, derrière les Carmes. » Nous n'avons pas rencontré ailleurs cette singulière appellation, non plus que celle de « chemin Hébus, » employée dans une pièce de 1582, et suivant toutes les probabilités par erreur de copiste.

La rue du Regard ne s'est garnie de maisons que dans le XVIIe siècle. D'après un plan de 1636, qui se trouve dans les archives des Carmes, elle se brisait vers son extrémité, de façon à tomber perpendiculairement dans la rue du Cherche-Midi, et était appelée, dans cette partie, « le Chemin du Bac. » Peut-être se prolongeait-elle anciennement jusqu'à la rue de Sèvres, car il est fait mention, dans le censier de 1510, du « sentier qui tend de la Maladerie à la porte Saint-Michel. » Ce sentier ne paraît pouvoir s'identifier qu'avec une voie occupant à peu près l'emplacement de la petite rue du Bac, dont nous n'avons du reste trouvé aucune indication ancienne, ce qui implique, au moins, qu'elle n'avait qu'une très-faible importance.

La Fosse-à-l'Aumosnier paraît avoir été une carrière appartenant aux aumôniers de l'Abbaye. Dans l'arpentage de 1529, treize arpents sont dits situés à la Fosse-à-l'Aumosnier, laquelle avait ce nom dès 1475. Des titres de 1536 et 1547 parlent d'un « lieu dit la Roue » sis à la Fosse-à-l'Aumosnier; la roue à laquelle ils font allusion était sans doute celle d'un puits à extraire les pierres. C'est peut-être encore en cet endroit que se trouvait l'arpent de terre « à la quarrière au Charon, tenant au chemin des Ruelles, » dont il est question dans le censier de 1355.

La Poincte de Vaugirard. — On nommait déjà ainsi, en 1355, le terrain de disposition cunéiforme, situé à la rencontre des deux chemins qui conduisaient, l'un de Paris et l'autre du bourg Saint-Germain à Vaugirard.

En face de la pointe de Vaugirard, il s'en trouvait une autre formée par le chemin de Vaugirard et celui des Fourneaux. Elle s'appelait « les Plantes de Vaugirard » en 1511 (1), et quelquefois, « poincte de la Croix de Vaugirard » (1523), puisqu'il est mention, dans un titre de 1531, d'une pièce de terre « au-dessus de la poincte de Vaugirard, près la croix. » Cette croix était située sur le chemin de Vaugirard, à 200 mètres au delà de la pointe; elle existait dès 1355, et a subsisté jusqu'au siècle passé. Il se pourrait que primitivement

(1) Il y avait un autre lieu nommé *les Plantes*, au terroir de Sainte-Geneviève; le chemin des Plantes, de la commune de Montrouge, en a conservé le souvenir.

elle eût été élevée au carrefour même, où les anciens plans font connaître qu'il y a eu aussi un moulin.

HUITIÈME TRIAGE.

« LE HUICTIESME TRIAIGE COMMENÇANT A LA THUILLERYE, TIRANT A LA FOSSE A L'AUMOSNIER, JUSQUES AU GRANT CHEMYN DE VAUGIRART. »

Compris entre les rues du Vieux-Colombier, du Cherche-Midi, du Regard, de Vaugirard et Cassette (voir les 6e, 7e et 12e triages.)

Cassel, rue Cassette. — Cette rue doit son nom et peut-être son origine au grand hôtel de Cassel, qu'elle longeait apparemment. On disait « ruelle de Cassel en 1412, » et cette désignation, ainsi que celle de « chemin de Cassel, » est fort commune dans la première partie du XVIe siècle. Vers la seconde, les modifications et bientôt les corruptions s'introduisirent dans l'ancien vocable. Ainsi, on a dit, « en Cassel » (1543), « grant rue Cassel » (1561), « rue du Grant-Cassel » (1571), « rue Cassel » (1565), « et enfin *rue Cassette* dès 1570. »

La rue Cassette est énoncée « chemin tendant de la rue du Colombier aux murs des Chartreux » dans un acte de 1521, « chemin tendant de Saint-Germain aux Poulignis, » et « chemin des Poulignis » dans d'autres de 1523, quoique le nom de Cassel fût d'un usage fort habituel alors. Il s'appliquait même aux terrains situés de chaque côté de la rue; c'était « le lieu dict Cassel, » comme le prouvent un titre de 1525, l'arpentage de 1529, etc., et on le faisait s'étendre jusque vers la rue du Regard : on lit sur un acte de 1527 : « pièce de terre.... près la Fosse-à-l'Aumosnier, au lieu dit Cassel, tenant d'une part au chemin Herbu. »

L'hôtel de Cassel occupait sans doute l'espace entre les rues Cassette et du Pot-de-Fer; mais nous n'avons rien recueilli qui nous ait permis de le vérifier. Le censier de 1355 apprend seulement qu'il avait été à un archevêque de Bourges, et qu'il était alors à Mme de Cassel: « Mme de Cassel, pour le manoir qui fu larcevesque de Bourges, au Colombier. » Un registre des archives de Saint-Thomas du Louvre, nous fait savoir que cette Mme de Cassel s'appelait autrement « Mme Jehanne de Bretègne » (1349). Après elle, la maison devint la propriété de la dame de Bar. Au commencement du XVIe siècle, le manoir était détruit, et il n'y avait plus, à sa place, que des terres en culture et des maisons sans importance, faisant front sur la rue du Vieux-Colombier. La rue Casselle n'a été entièrement bordée de maisons qu'au XVIIe siècle. On avait commencé à y bâtir vers 1540, aussi le censier de 1547 l'énonce-t-il « la rue de Cassel, que naguères on nommoit le chemyn de Cassel. » En 1523, il y avait au territoire de Cassel, sur le chemin tendant « de la Tuilerie aux Chartreux, » un arpent de terre qui s'était « anciennement appellé les Petites-Masures. »

La Tranchée. — Nous serons très-bref au sujet des fortifications par lesquelles les faubourgs compris dans la paroisse Saint-Sulpice ont été protégés au XVIe siècle, et parce que nos efforts pour découvrir de nouveaux renseignements sur ce sujet n'ont été que médiocrement récompensés, et parce que les questions qui s'y rattachent ne peuvent être convenablement discutées que dans un travail d'ensemble dont la place n'est point ici.

Le 6 novembre 1550, à la requête des habitants du bourg Saint-Germain, des lettres patentes du roi prescrivirent d'entourer d'une enceinte régulière les faubourgs de l'Université; mais la Ville, effrayée des dépenses, fit des remontrances, et cette clôture ne fut pas construite; au delà des murs du XIIIe siècle, il n'y a jamais eu, comme système de défense, qu'une tranchée dont la terre servit vraisemblablement à former un rempart. Au surplus, dès le 6 juillet 1536, le bureau de la Ville avait décidé que l'on ferait des tranchées dans le lit de la rivière « au dreict des fossez, au-dessus de la tour de Nesle, » et vers le même temps, on exécuta d'autres travaux à Notre-Dame des Champs, où étaient encore occupés nombre de pionniers en mars 1552.

Sauval parle également de tranchées faites en 1562, 1568 et 1589, mais il n'entre dans aucun détail qui mette à même de determiner en quel lieu au juste on les creusa. Nous pensons que deux plans ont été successivement adoptés et suivis, et que la tranchée la plus récente, à peu près parallèle à la rue du Bac (1), passait derrière l'hôpital Saint-Germain (Hospice des Ménages) pour, passant ensuite vers l'emplacement de la rue Sainte-Placide, aller gagner la plus ancienne tranchée, voisine de la rue Notre-Dame-des-Champs (2).

(1) Dans les archives de l'église Saint-Sulpice existe une fondation de messe du 8 octobre 1568, où il est fait mention d'une maison « près la Malladerie dudict Saint-Germain.... aboutissant par devant à *la rue du Boullevert.* » Dans un autre titre, de 1607, sept quartiers de terre sont énoncés « devant l'hospital Saint-Germain des Prés, tenant d'une part *aux tranchées* de la ville.... aboutissant d'un bout par bas au chemin de Vaugirard (rue du Cherche-Midi), et par hault au chemin qui est devant ledict hospital (rue de Sèvres). »

(2) Il nous est passé par les mains une pièce de 1569 dans laquelle se trouve une

De grandes portions de cette seconde tranchée sont indiquées, mais sans précision, sur le plan de Quesnel, où l'on voit qu'elle formait une sorte de redent à sa rencontre avec la rue de Sèvres. Elle avait pour complément une suite de portes qui furent réparées en 1617, et qui fermaient les rues de Vaugirard, du Cherche-Midi, de Sèvres, de Grenelle, Saint-Dominique, de l'Université, et le chemin du bord de l'eau. Au « guichet » du bord de l'eau était attenante une petite tranchée; mais rien n'indique si la grande tranchée s'est réellement prolongée jusqu'à la Seine, circonstance fort douteuse.

Ce que nous avons dit des limites du bourg Saint-Germain suffit pour faire comprendre que la seconde tranchée ne saurait être que peu ancienne; car c'est seulement à la fin du XVIe siècle que les terrains situés au delà de la rue des Saints-Pères ont commencé à se bâtir régulièrement, et qu'il est devenu nécessaire d'en rendre l'accès difficile. Il en est autrement de la première tranchée, consacrée à défendre cette partie du bourg Saint-Germain, qui, s'étendant au midi des rues du Vieux-Colombier et Bourbon jusqu'à la rue de Vaugirard, était en grande partie couverte de maisons dès 1536, et l'était entièrement en 1562. Aussi pourrait-on croire que cette première tranchée fut faite en même temps que les travaux exécutés à Notre-Dame des Champs sous François Ier. Cependant il n'en est fait aucune mention dans les titres de l'Abbaye antérieurs à 1561.

En partie à cause de cette lacune dans les archives de Saint-Germain, qu'on ne saurait trop regretter, en partie parce que la tranchée a dû être remblayée avec les terres mêmes qu'on avait tirées du sol pour la faire, nous n'en avons pu reconnaître avec certitude que deux points extrêmes. La première tranchée, en quittant la fausse porte de Notre-Dame des Champs (située un peu après la rue Cassini), passait derrière les Chartreux, nous le supposons, en suivant à peu près les sinuosités de la rue Notre-Dame-des-Champs, et venait, en se courbant derrière le coin septentrional des rues du Regard et du Cherche-Midi, rejoindre les maisons en bordure sur cette dernière. Un plan manuscrit de la rue du Regard, daté de 1636, donne un fragment de ce qui en subsistait encore à cette époque. Ce plan est le seul, parmi la multitude de ceux que nous avons vus, qui nous en offre un jalon précis. La barrière fermant la rue du Cherche-Midi y est aussi indiquée à 6 mètres avant le coin actuel de la rue du Regard.

indication du « rempart des Chartreux, » dit plus ordinairement « le boulevert; » et une pièce de 1635 où il est parlé des « fossés du boulevert. »

NEUVIÈME TRIAGE.

« LE NEUFVIESME TRIAIGE COMMENÇANT A LA RUE DU COULOMBIER ET LA RUELLE CASSEL, TIRANT DEPUYS LES MURS DU JARDIN DU VERGER JUSQUES AU GRANT CHEMYN DE VAUGIRARD. »

(Renfermé entre la rue Cassette, de Vaugirard, du Pot-de-Fer et du Vieux-Colombier.)

Rue du Pot-de-Fer. — N'ayant jamais constaté que cette rue fût comprise au nombre de celles qu'on appelait les ruelles Saint-Sulpice, nous doutons que Jaillot ait eu raison d'assurer qu'elle en ait fait partie. Il est, sans aucun doute, bien plus dans le vrai lorsqu'il assure qu'elle est indiquée dans des actes du XVe siècle par la formule « ruelle tendant de la rue du Colombier à Vignerey, » mais nous n'avons pas vu ces actes, et les seuls documents où il soit parlé de cette rue, qui nous sont parvenus, ne datent que du XVIe siècle. Dans le censier de 1523, elle est énoncée « ruelle qui tend de la rue du Colombier à Vignerey, appellée la ruelle Henri du Verger. » Cette dernière appellation, devenue habituelle depuis, vient de ce qu'un nommé Henri du Verger, qui vivait en 1491 et était déjà mort en 1510, y possédait des propriétés qui passèrent à ses descendants: « chemyn par lequel on va à la maison qui fut Henry du Vergier, » lit-on dans le censier de 1543. On disait encore la rue Henri du Verger en 1656, mais alors le nom de rue du Pot-de-Fer, emprunté à une enseigne, a prévalu.

Dans la liste des rues donnée par Corrozet, se trouve l'indication d'une « rue des Jardins, près S. Sulpice, » qui, assez vraisemblablement, est la même que la rue du Pot-de-Fer : n'en ayant point trouvé d'autre mention, nous ne voulons rien affirmer à ce sujet, si ce n'est que Jaillot a eu tort de croire à un rapport entre ces deux expressions du *Verger* et des *Jardins*. On a dit rue des Jardins, parce que la rue en question était comprise entre des jardins plutôt que des maisons ; quant à l'appellation de rue Henri du Verger, il n'y a pas plus de conséquence à en tirer que si on avait dit rue Henri du Moulin, de la Marre, de la Varenne, de la Haye, etc., car c'est seulement à une époque reculée que ce genre de nom a impliqué quelque chose. Au XVIe siècle, les noms de famille héréditaires étaient en usage depuis longtemps et n'avaient généralement pas plus de signification qu'ils n'en ont aujourd'hui.

Rue Honoré Chevalier. — Elle porte le nom d'un maître boulanger de Paris, appelé Honoré Chevalier (1), qui était propriétaire de terrains au lieu où elle a été percée, et conséquemment les quelques documents, modernes d'ailleurs, dans lesquels elle est énoncée rue du Chevalier ou du Chevalier Honoré, contiennent une erreur.

Pas un auteur ne fournit d'éclaircissement sur l'origine de cette rue. Ce que nous en savons seulement, c'est que les archives de l'Abbaye n'en présentent aucune indication, au commencement du XVIe siècle, et qu'il résulte mathématiquement de l'arpentage de 1529 qu'elle n'existait pas alors, le terrain où elle se trouve étant encore tout entier en culture. L'étude du censier de 1543 nous démontre qu'il en devait être de même à cette dernière date; mais nous trouvons la rue mentionnée avec son nom actuel, dans un titre du 21 novembre 1561. Depuis ce temps elle n'a subi dans son appellation que les variantes accidentelles que nous venons de rapporter.

Rue du Gindre. — Les ouvrages sur Paris ne fournissent pas plus de renseignements sur l'origine de cette rue que sur celle de la rue Honoré Chevalier; de même que cette dernière, elle n'est pas mentionnée dans les archives de l'Abbaye jusqu'en 1543, chose impossible évidemment, si elle eût déjà réellement existé, beaucoup de pièces diverses se rapportant à cette région. Mais elle apparaît dès 1547 sous son nom actuel, le seul qu'elle ait porté, écrit « du Jaindre » et « du Gaindre, » en 1571. C'est effectivement vers cette même époque, que l'îlot compris entre les rues Cassel et du Pot-de-Fer a commencé à se transformer et à être subdivisé par des rues.

L'étymologie du nom de la rue du Gindre n'est pas moins inconnue que l'époque exacte de son percement, puisque faire observer, comme Lebeuf, que le mot gindre, signifiant le premier garçon d'un boulanger, semble venir de *gener*, gendre, ou faire remarquer qu'il viendrait plutôt de *junior*, compagnon, aide, n'éclaircit en aucune façon la question. Nous conjecturons qu'on a adopté le nom de rue du Gindre en souvenir de ce que Honoré Chevalier, aux terrains duquel elle conduisait, était lui-même un boulanger, ou parce qu'il employait, suivant la coutume, un de ces ouvriers bruyants encore vulgairement appelés des gindres.

Jaillot a cru que la rue du Gindre s'est aussi nommée la « ruelle des Champs. » Les très-rares documents où il est question de celle-ci ne nous ont pas permis de décider de son identité; mais nous nous

(1) C'était un des héritiers directs de Henri du Verger.

refusons à admettre que les deux rues ne soient pas distinctes, parce que la rue ou ruelle des Champs existait déjà en 1509, et que tout tend à établir que la rue du Cindre est postérieure de plus de trente ans. Dans tous les cas, ce n'était pas, comme Jaillot l'assure, entre les rues Mézière et Honoré Chevalier, que la rue du Cindre aurait pu s'appeler rue des Champs, puisque ces deux rues n'étaient point encore percées.

Rues Mezière et Carpentier. — La première de ces rues a pris son nom de ce qu'elle longeait les jardins de l'hôtel de Mézières, dont l'entrée était située rue Cassette : elle existait dès les premières années du XVIIe siècle, ainsi que la rue Carpentier, et toutes deux ne peuvent avoir été faites que peu de temps auparavant. Mais cette lacune, qui a rendu notre travail si difficile, nous a empêché de rien déterminer à ce propos. Nous connaissons parfaitement ce qu'il y avait entre les rues du Pot-de-Fer et Cassette de 1520 à 1543; nous ne pouvons guère que supposer ce qu'il y avait en 1580.

DIXIÈME TRIAGE.

« LE DIXIESME TRIAIGE COMMENÇANT AU BOUT DE LA FOSSE A L'AUMOSNIER, CLOZ REGNOUART ET LES POULLIGNYS, TIRANT AU DESSUS DU COING DES CHARTREUX, QUI FAICT LE COING DU CHEMYN DE VANVES ET LE CHEMYN HERBU. »

(Compris entre la rue de Vaugirard, la rue Notre-Dame-des-Champs et l'ancien chemin de Vanves, actuellement supprimé dans sa partie la plus rapprochée de Paris.

Chemin Herbu. — Il est représenté aujourd'hui par la rue Notre-Dame-des-Champs, ainsi appelée depuis environ 150 ans, parce qu'elle conduisait à l'église connue sous ce vocable. Le chemin Herbu, dont le nom était déjà en usage au XIVe siècle, au dire de Jaillot, conduisait du bourg de Saint-Germain au chemin de Vanves; c'est pourquoi il est énoncé dans un titre de 1454 « le chemin Herbu, qui vient de Sainct-Germain à Vanves. » Dans un autre, de 1527, il est désigné par la formule « chemin Herbu, tendant du bout du clos des Chartreux au bout des fauxbourgs dudict S. Germain. » Un acte de 1589 l'appelle « le chemin creux qui va de la Fosse a l'Aumosnier aux Chartreux, » un registre de 1547 « chemin creux tirant vers les Polignis. » Sur un plan de 1670, il est dit le chemin de Coupe-Gorge, à cause de sa proximité du terroir de Coupe-Gorge, le long duquel il régnait.

Dans un arpentage de 1569, la portion orientale de la rue Notre-Dame-des-Champs est énoncée « chemin tendant de la rue de Labonde de la Bourbe à Vaugirard, » et « chemin tendant desdicts fauxbourgs de Notre-Dame des Champs à Vaugirard. »

Le chemin de Vances. — Tous les titres nomment de la même façon cette voie qui conduisait à Ivry et à Vanves. Partant de la rue d'Enfer avec laquelle elle faisait un coude presque à angle droit, à la hauteur où se trouve actuellement l'hôtel qui précède l'Ecole des Mines (1), elle changeait bientôt de direction et se prolongeait vers le sud-ouest, en passant sous les murs du couvent des Chartreux. En 1617, au mois de septembre, ces religieux obtinrent du roi la permission d'en supprimer la portion comprise entre les rues d'Enfer et Notre-Dame-des-Champs, ce qui leur permit de réunir en un seul leur ancien clos avec le nouveau, situé au delà du chemin, et que la reine Marie de Médicis leur avait donné en échange des terrains qu'ils lui avaient cédés pour agrandir le parc du Luxembourg. Lors de la destruction du couvent, on a constaté que cette partie du chemin remontait à l'époque gallo-romaine. Aujourd'hui, entre la rue d'Enfer et la rue du Champ-d'Asile, où on recommence à le retrouver intact, il n'est plus qu'un tronçon qui en ait été conservé, c'est celui que représente la petite rue de Chevreuse. De nombreux jalons pour l'entier tracé de son parcours sont d'ailleurs aisés à reconnaître sur le plan de Verniquet. Le chemin de Vanves était une des grandes limites du fief de l'abbaye Saint-Germain des Prés et de la paroisse Saint-Sulpice.

La portion du chemin de Vanves, qui longeait les Chartreux et débouchait rue d'Enfer, est appelée *Rue des Charettes* sur un plan du commencement du XVIIe siècle. Il s'en trouve, aux archives de l'Empire, un bon plan de 1618.

Coupe-Gorge. — Le coin de terrain compris entre la rue Notre-Dame-des-Champs et l'ancien chemin de Vanves, s'appelait Coupe-Gorge (1529, 1531, etc.), sans doute parce que c'était un lieu peu fréquenté, où il n'était pas prudent de se hasarder le soir. Le nom de Coupe-Gorge, habituel au XVIe siècle, était encore usité à la fin du XVIIe.

Sentier de l'Espinette. — Sur un plan manuscrit de 1695, un sentier

(1) Le coin méridional formé par le chemin de Vanves et la rue d'Enfer se trouvait à environ 249^m^,50 du coin formé par cette dernière et la rue des Francs-Bourgeois.

appelé *Sente de l'Espinette*, est figuré partant de la rue de Vaugirard, et se dirigeant en biais vers la première borne-limite de la seigneurie de l'abbaye Saint-Germain, placée entre la rue de Vaugirard et le chemin de Vanves. Ce sentier est aujourd'hui complétement disparu, mais deux plans anciens nous en ont donné un parcours à très-peu près exact. Il commençait à environ 160 toises du coin occidental de la rue Notre-Dame-des-Champs, et limitait un terrain de forme triangulaire qui était de la censive de Saint-Germain et du dixmage de Sainte-Geneviève. Il est nommé « sente qui monte à l'Espinette, » dans l'arpentage de 1529, et « sente de l'Espinette, » dans un document de 1543. Le canton de l'Espinette, qui faisait partie du fief de Sainte-Geneviève, était situé entre le chemin de Vanves et celui des Plantes, vers la croix du Gord (1); plusieurs titres mentionnent la proximité de cette croix et du lieu de l'Espinette, énoncé aussi : « la Fosse Aleaume, » en 1457, et « aultrement les Groseliers, » en 1569. Il y a apparence qu'il existait pareillement un chemin dit « l'Espinette de Vaugirard, » (1626), dans le voisinage du chemin des Fourneaux ; mais il est clair que ce ne peut être celui auquel conduisait le sentier dont nous parlons, et dont nous n'avons trouvé aucune mention avant 1447.

Il est question d'un « chemin herbu de l'Espinette, » au terroir des Polignis, dans le censier de 1547 ; et comme le sentier de l'Espinette était voisin de la pointe de Vaugirard, on lit dans le censier de 1547 « lieu dict la poincte, aultrement dict le sentier de l'Espinette. »

Les Poullignis. — Nous avons vu ce territoire appelé « Poulaigny » et « Val de Poleigny, » en 1355, « lieu dit Poulegni, » en 1380, « les Pollignys, » en 1528, et « les Poullignis, » en 1531. Il n'est pas aisé d'en déterminer l'emplacement avec une précision parfaite, par suite du vague de ses limites. Il paraît qu'il avait à peu près pour axe le chemin qui partait du chemin Herbu, à la hauteur du coin du couvent des Chartreux, et se dirigeait vers le chemin de Vanves, avec lequel il communiquait par deux bras. Ce chemin est aujourd'hui la rue du Montparnasse; il est nommé « sente de Montrouge au faubourg Saint-Germain, » sur un plan de la fin du XVIIe siècle. Dans l'arpentage de 1529, il est appelé « la sente qui monte de Sainct-Germain et du coing des Chartreux aux Poullignys, » et « sente montant du mur des Chartreux aux Poullignys ; » d'où

(1) Cette croix était placée à l'extrémité d'une pointe de terre sur le chemin des Plantes, un peu avant le lieu où il rencontre la chaussée du Maine.

découle que c'est sur ses bords qu'il faut chercher les Poullignys. Nous voyons d'un autre côté que 6 arpents aux Poullignys aboutissaient au chemin Herbu, et subsidiairement qu'un arpent derrière les Poullignys était moitié en censive de Sainte-Geneviève. Il semble donc que les Poullignys avaient à peu près pour axe, comme nous venons de le dire, le chemin venant du coin des Chartreux, et qu'ils s'étendaient entre le chemin Herbu et les limites du fief de l'Abbaye; mais cela n'éclaircit pas entièrement la question. Au reste, le lieu dit « les Haulx Poullignys, » vraisemblablement distinct, peut être déterminé d'une manière moins vague: nous remarquons en effet qu'une pièce de 18 arpents et demi, sise « aux Haults Poullignys, » renfermait les bornes séparant les fiefs de Saint-Germain et de Sainte-Geneviève, et aboutissait en partie au chemin de Vanves. Conséquemment, les Hauts-Poullignys étaient derrière le Montparnasse.

Montparnasse. — Nous venons de mentionner le Montparnasse; nous regrettons d'avoir à dire que nous n'avons trouvé aucun renseignement à son sujet, si ce n'est un titre de 1529 que nous ont fourni les archives de l'Hôtel-Dieu, qui est relatif à cette région, et où se trouve la mention d'un « lieu dit la Butte. » Cette butte est peut-être celle du Montparnasse qui, d'après bien des probabilités, était une de ces éminences factices dites *bastilles*, espèces de forts détachés destinés à rendre difficile l'approche des fortifications de la ville. Sur un plan manuscrit de 1648, nous avons lu « le Montparnasse ou boulevart, » et l'on sait que cette expression est à peu près synonyme avec celle de bastille. (Voir l'art. *tranchée*, au 8e triage.) Nous ajouterons que tout le terrain des environs, ou du moins une pièce de 53 arpents, qui en faisait partie, s'appelait *le boulevart* en 1613.

La butte du Montparnasse a, comme on peut le voir sur le plan de Turgot, été coupée en deux par le cours ou boulevart qui porte son nom, lequel provient de ce que, au commencement du XVIIe siècle, la butte était un lieu de réunion habituelle pour les écoliers, qui y lisaient des poésies ou autres ouvrages. A la même époque, on l'appelait aussi Mont de la Fronde, ainsi qu'il est écrit sur le plan de Gomboust.

Clos Renouard. — On trouve cette appellation diversement écrite, Regnart, Renard et Renouard, et il est à croire que cette dernière forme est la plus correcte, puisqu'on lit *Clausum Renoardi* dans le censier de Sainte-Geneviève, de 1244. Un titre de 1438 énonce « le Barrys, autrement dit le Clos Reynart. » Au reste, quoi qu'il existe un certain nombre de mentions de ce canton, les éléments qui peuvent servir à fixer sa position sont fort rares, et de tous les documents que nous avons vus et qui ont rapport aux terrains qui s'y trouvaient, un seul indique un aboutissant pouvant aujourd'hui servir de repère : c'est le censier de 1547, où une pièce de terre sise au clos Renouard est décrite comme « aboutissant par bas au chemin Herbu. » Nous avons aussi lu dans un acte de 1455 « lieu dit Reynart, entre les chemins de Vanves et de Vaugirard, » et dans un autre de 1530 « aux plantes de Vaulgirard, au lieu dict Regnouard ; » enfin, ayant appris par un registre du XVIIe siècle qu'une pièce de terre faisant partie du clos Reynard était située devant la rue de Bagneux ; nous en concluons que ce clos s'étendait sur la rue de Vaugirard, au sud de la rue Notre-Dame-des-Champs, ce qui concorde parfaitement avec la manière dont est formulée la rubrique du dixième triage (1), puis avec le plan manuscrit, de 1648, que nous venons de citer, et où le nom de « Clos Renard de Pouligny, » est appliqué à un terrain compris aujourd'hui entre les barrières Montparnasse et du Maine.

Il est manifeste que le clos Reynouard, comme la plupart des cantons voisins, n'avait déjà plus, au XVIe siècle, de limites précises, et se confondait avec ceux qui lui étaient contigus.

ONZIÈME TRIAGE.

« LE ONZIESME TRIAIGE, LES GLAIZES. »

Les Glaizes. — La mention de ce territoire se trouve dès 1355 ; mais ce n'est pas sans grandes difficultés que nous avons pu nous rendre compte du lieu où il était situé. Dans l'arpentage de 1529, il n'existe aucune donnée à ce sujet, si ce n'est qu'une pièce de terre, sise aux Glaises, était en partie dans la censive de Sainte-Geneviève ; cette indication rapprochée de celles fournies par un titre de 1543, où il est dit que « les Glèses, » faisaient partie du climat des « plantes de Vaugirard, » et par le censier de 1547, où il est dit qu'un arpent de vigne était sis « près la croix d'entre Vaugirard et Sainct-Germain des Prez, ou lieu dict les Glèzes, » démontre que c'est du

(1) Nous ne savons comment nous expliquer pourquoi, dans ce dixième triage, il n'est pas fait mention de terres ou bordures sur la rue de Vaugirard, dont le côté méridional, au moins jusqu'au sentier de l'Épinette, était certainement en censive de l'abbaye Saint-Germain.

côté du chemin des Fourneaux, qu'il faut chercher l'emplacement des Glaises. Nous trouvons effectivement dans un registre du commencement du XVIIIe siècle, l'énonciation de « les Fourneaux ou les Glaises, » et ce renseignement, qui implique qu'il y avait à peu près identité entre les deux cantons, est corroboré par plusieurs actes où il est parlé de terrains situés aux Glaises et aboutissant sur le chemin des Fourneaux ou bien sur le chemin des Carrières (rue de Vaugirard). Il faut en conclure que ce qu'on appelait les Glaises, est l'emplacement compris aujourd'hui entre la rue des Fourneaux et celle du Moulin de Vaugirard ; mais nous ne savons si c'est la première de ces rues, ou une des voies supprimées des environs, que nous avons vue nommée « le chemin des Glaises, » en 1608 ; nous croirions plus volontiers à la dernière hypothèse, car le document dans lequel il est question du chemin des Glaises, le présente comme servant de limite à un arpent de terre placé aux Polignys.

Dans une déclaration de 1608, les Glaises sont identifiées avec le canton « des Troiz Cornetz, » qu'un titre de 1535 donne comme faisant aussi partie du territoire des Plantes de Vaugirard (1). Les Glaises ont encore porté la singulière appellation de Fort-affaire, comme l'exprime le passage suivant d'un titre de 1613 « pièce de terre sciz au terroner de saincte Genevíefve, près ledict terroner sainct Germain, au lieu dict les Glaizes, aultrement Fort-affaire, contenant trois quartiers; tenant d'un costé à la carrière Fort-affaire..... aboutissant au chemin du Fourneau. » Cette carrière Fort-affaire avait pris le nom d'un de ses propriétaires.

Les Fourniaux — (1355) tiraient sans doute leur nom de fours à chaux qu'on y avait établis ; ils étaient en dehors du fief de l'abbaye Saint-Germain et relevaient de Sainte-Geneviève. Une reconnaissance au terrier de 1626, mentionne la carrière du Fourneau, et une pièce de 1695 énonce « le Fourneau ou les Trois Cornets, » ce qui confirme ce que nous venons de dire des Glaises.

(1) Nous avons également vu des pièces où les Trois-Cornets sont considérés comme s'étendant jusqu'au chemin de Paris à Vanves, et sur une pièce de 1596 nous avons lu « les Glaizes ou Haultes-Bruières; » les Glaises étant conséquemment réunies avec le canton des Brières, dont le sentier des Brières à Montrouge a conservé le nom. Il y a beaucoup de confusion dans les énonciations des divers climats de ces régions, qui d'ailleurs ne sont pas compris dans notre cadre.

DOUZIÈME TRIAGE.

« LE DOUZIESME TRIAIGE DU VIGNERAY, COMMENÇANT AU COING DES MURS DES CHARTREUX EN VENANT AU CHEMYN DE VAUGIRARD, JUSQUES AU CLOZ BOURGEOYS.

(Compris entre les rues de Chevreuse, Notre-Dame-des-Champs et de Vaugirard jusqu'à la hauteur du théâtre de l'Odéon).

Vigneray. — Ce clos, formant le douzième triage, était compris, suivant notre indication, entre le couvent des Chartreux, l'entrée de l'ancien chemin de Vanves, la rue Notre-Dame-des-Champs, la rue de Vaugirard et le clos aux Bourgeois. On l'énonçait Vigneroi en 1230, *Vignereium* en 1244, Vignerel en 1411, Vignerez en 1520, et Vigneray en 1354 et 1529. Il était primitivement couvert de vignes, et il est question, dans l'arpentage de 1529, des murailles dont il était entouré. On n'a commencé à y bâtir qu'à la fin du XVIe siècle, et les premières maisons qui y ont été construites sont celles sur l'emplacement desquelles on a élevé le palais du Luxembourg, dont il est devenu en partie le parc. Dans cette région, le clos de Vigneray a souvent été confondu avec le clos aux Bourgeois (voir ce dernier).

Rue de Vaugirard. — *Bel-Air.* — C'était le chemin conduisant de Paris au bourg de Vaugirard, anciennement dit Vauboitron. Dans la première moitié du XVIe siècle, il n'y avait que peu de constructions le long de cette rue, et elles ne dépassaient pas la rue du Pot-de-Fer, au delà de laquelle on ne voyait que des terres en culture. Nous trouvons la rue de Vaugirard énoncée « rue de Vaulgirard, » en 1523 et « chemin qui tend de la porte S. Michel à Vaulgirard, » en 1533. Une circonstance singulière, c'est que la portion s'étendant entre les rues du Pot-de-Fer et du Regard, est appelée dans l'arpentage de 1529, « chemyn des Ruelles, et chemyn des Ruelles allant à Vaugirard, » en même temps que « chemyn allant de Paris à Vaugirard. » Nous supposons que c'est à cause des ruelles qui s'y rendaient en venant des environs de Saint-Sulpice, car nous observons qu'on s'est servi aussi, dans le même document, de la formule plus claire de « chemyn allant des ruelles a Vaugirard. » Dans un titre de 1411, on a employé celle parfaitement explicite de « chemin des ruelles par lequel l'en va de Paris à Vaugirard. » Le censier de 1355 mentionne « la voie des ruelles, » ainsi que « la voye de Valgirard, » et on voit par les archives de l'Hôtel-Dieu, que, vers le voisinage du lieu dit la Pointe, la rue de Vaugirard portait le nom de « chemin qui va de Sainct-Germain aux carrières de Vaugirard » (1529).

Dans un contrat du 30 novembre 1559, la rue de Vaugirard est dite « rue de Bel-Air, » à cause du territoire de Bel-Air, qui faisait le coin du chemin sur les fossés (1). Au commencement du XVIIe siècle, et peut-être à la fin du XVIe, elle a quelquefois été dite rue de Luxembourg, et aussi rue de la Verrerie, par rapport à la verrerie qui s'y trouvait. Ces dénominations ne pouvaient s'appliquer qu'à la partie orientale de la rue, partie appelée « rue qui va de la Porte d'Enfer à S. Sulpice, » dans une charte de 1289, dont nous n'avons vu qu'une copie (2).

C'est au coin oriental de la rue Garancière que se trouvait anciennement « le pressouer Bannyer, » de l'Abbaye; en 1531, c'était une place vide, et déjà, en 1543, on avait bâti sur son emplacement.

Vauvert. — Brisebarre. — L'on sait que le lieu où les Chartreux s'établirent en 1257, se nommait Vauvert; cette appellation, en latin, *Vallis viridis*, qui se rencontre dans le cartulaire de Saint-Etienne des Grès, dès 1226, a été peu en usage à partir du siècle suivant; l'établissement du monastère l'avait fait abandonner presque complétement.

Le censier de Saint-Germain, de 1355, mentionne un territoire de « Brisebarre, » lequel doit avoir été très-voisin des Chartreux, puisque l'an 1258, deux pièces de vigne qui y étaient situées (*in territorio quod vocatur Brisebarre*), se trouvaient à la commodité de ces moines, et leur furent cédées par les bourgeois de la Grande Confrérie. Nous n'avons recueilli aucune donnée sur l'emplacement du canton de Brisebarre, non plus que sur les limites de celui de Vauvert, dans le voisinage duquel se trouvait également un lieu appelé Herbelot, en 1239 (*loco qui dicitur Herbelot juxta Vallem viridem*), dont il est encore parlé dans le cartulaire de Saint-Étienne des Grès.

(1) Rue Monsieur-le-Prince.

(2) Dans un titre de 152[illegible] il est question d'une pièce de terre qui, aboutissant sur le chemin de Vaugirard, se trouvait « près le gros Caillou. » Nous ne nous doutons pas du lieu où était ce Gros-Caillou du chemin de Vaugirard, et nous ne sommes pas loin de croire à une faute de copiste.

TREIZIÈME TRIAGE.

« LE TREIZIESME TRIAIGE DES VIGNES ET TERRES DU CLOZ BOURGEOIS, COMMENÇANT DE VIGNERAY, LE LONG DE LA RUE, JUSQUES A LA PORTE SAINT-MICHEL ET CLOSTURE DES MURS DES CHARTREUX. »

(Compris entre la rue de Vaugirard à partir du Luxembourg, les rues des Francs-Bourgeois et d'Enfer, jusqu'aux Chartreux.)

Clos aux Bourgeois. — Aux derniers jours de son existence, le clos aux Bourgeois consistait en un terrain contenant sept arpents quarante-cinq perches de superficie, qui formait un des côtés de la rue des Francs-Bourgeois, se prolongeait sur une longueur de trente-trois toises le long de la rue d'Enfer et sur une longueur de soixante-trois toises le long de la rue de Vaugirard. Il devait son nom à cette circonstance qu'il appartenait à la grande Confrérie des bourgeois de Paris, et constituait un de ses fiefs.

L'origine du clos aux Bourgeois paraît être à peu près aussi ancienne que celle de la grande Confrérie elle-même; on constate, par ses archives, que dès 1217 cette association y possédait des vignes dont elle céda alors à un nommé Odon Le Hardi, la quatrième partie, composée de la vigne du Chatelet (*de Castellulo*) et d'une autre dite Odeline (*Odelina*) (1), à la charge par ledit Odon de cultiver ces vignes, de les vendanger, et d'abandonner la moitié de leur produit à la confrérie, qui se chargeait d'ailleurs de fournir le pressoir et un homme pour en faire le service. Au mois de février 1258, à la prière du roi, la Confrérie abandonna aux Chartreux deux pièces de vigne contenant six quartiers, qu'elle avait près de la demeure de ces moines, au territoire appelé Brisebarre, en échange de cinq autres dont le roi leur fit don à titre d'indemnité. En 1293, Philippe le Bel amortit les biens de la Confrérie, y compris la maison dont dépendaient huit arpents, qu'elle avait près de la porte Gibard. Le fief du clos aux Bourgeois était à cette époque plus vaste qu'il ne l'a été depuis; il s'étendait jusqu'aux murs de la ville et jusqu'à cette même porte Gibard ou d'Enfer à laquelle était contigu l'hôtel où les membres de la Confrérie se réunissaient à

(1) Au mois d'août 1263 la Confrérie obtint du Parlo r aux Bourgeois l'amortissement de 7 deniers et 1 obole qu'elle lui devait sur cette vigne, dite cette fois *Edelina*.

certaines époques, et dont la destruction dut avoir lieu, en grande partie, lors du creusement des fossés, en 1356. On lit en effet dans leur inventaire de 1380 (1) : « La confrarie ot jadis un hostel séant audit lieu (à la porte Gibart a présent ycelle porte appellée la porte d'Enfer), appartenant a ycelui hostel, et grant partie des héritaiges furent desmoliz et anientez pour les fortifications de la ville de Paris; car partie dudit hostel et des héritaiges estoient joignans à ycelle porte d'Enfer et aux murs de la ville; et présentement esdiz héritaiges et masure, n'y a que XII quartiers de terre, lesquels ont esté baillez a II fois a Jehan Mouchart (2), a XI sols de rente et II deniers de fons de terre; et d'ycelles vignes VI quartiers ont estéz bailliez par le dit Mouchart à Philippot Regnier.... a XVI sols de rente et I demi de fons de terre a ycelle confrarie deubz. Et le résidu qui fait VII quartiers, tant en masure comme en vignes joignans a ycelle et de nouvel mesurez et abounéz (bornés), demeurent chargez a ycelle confrarie, en XXIIII sols de rente et I denier de fons de terre. »

Au XVe siècle, les restes du manoir entamé vers 1356 en formaient un autre nommé l'hôtel de Bourges, à cause d'un de ses propriétaires, Guillaume Bouratier (ou Boisratier), archevêque de Bourges, entre 1409 et 1421. Possédé en 1452 par l'Hôtel-Dieu, il contenait, avec les vignes et les prés qui en dépendaient, quatre arpents et demi. Le 27 juillet 1518, les maîtres de cet hôpital le vendirent à Me François Royer, procureur général au parlement. Il y avait alors et depuis longtemps un pressoir; ce pressoir existait encore en 1559, époque à laquelle J.-Ant. Lombard, valet de chambre du roi, qui en avait fait acquisition le 1er mai 1558, possédait les restes en ruine de l'hôtel, dont il ne dépendait plus que deux arpents ou deux arpents et demi de terre situés derrière. Le morcellement de l'ancienne maison des archevêques de Bourges avait déjà eu lieu par lots, baillés à bâtir, en 1534, 1535 et 1537 (3).

Le clos aux Bourgeois, que nous trouvons pour la première fois désigné de cette façon en 1344, s'est aussi nommé le *Chatelet* : « l'en dit que le cloz de ladite Confrérie oultre et hors la porte d'Enfer,

(1) Arch. de la grande confr., f° 72 v°.

(2) En 1364.

(3) Le parloir de la Confrérie et celui qui dépendait de la Ville ont été, pour tous les historiens, l'objet d'une déplorable confusion. Il y a là une question fort intéressante sur laquelle nous reviendrons un jour, mais que, jusqu'à présent, nous avons été impuissant à éclaircir complètement, malgré les matériaux inédits dont nous disposons.

soulloit estre appelé Chastelet, » lit-on dans un registre du XIVe siècle (1), faisant sans doute allusion à l'une des vignes, objet de la transaction de 1217 ; il l'a été de plus « cloz de la porte d'Enfer, » en 1348, et le *Mertray* (1452) ou *Martroy*. Il faut observer en outre que les terrains qui en étaient voisins vers l'occident en prenaient très-fréquemment le nom (2), de sorte que les propriétés situées sur l'emplacement occupé aujourd'hui par le Luxembourg, et jusqu'à la hauteur de la rue Servandoni, étaient presque indifféremment énoncées au clos aux Bourgeois ou au clos de Vigneray. Le clos aux Bourgeois a été encore confondu avec le clos Sulpice.

Sentier du Pressoir. Clos Saint-Sulpice. — Ce dernier appartenait à l'église de ce nom; nous ne le trouvons plus mentionné au XVIe siècle, et tout ce que nous pouvons en dire, c'est qu'il était planté de vignes et parait avoir été situé dans la partie du Luxembourg qui avoisine la grille opposée à la rue du Pot-de-Fer. Dans un titre de 1411, il est fait allusion à une pièce de terre « assise au clos aux Bourgois, autrement appellé le clos saint Souplice lez-saint Germain des Prez, tenant d'une part au sentier de l'une des ruelles et d'autre part tout au long des murs d'icelles ruelles en alant à Vaugirard. » Or le lieu en question était dans la censive de Sainte-Geneviève, laquelle en cet endroit s'étendait le long de la rue de Vaugirard, à commencer à la hauteur de la rue du Pot-de-Fer, jusque vers celle de la rue Garancière, ce qui confirme ce que nous avançons sur la position du clos. Quant à cette voie dite « le sentier de l'une des ruelles, » nous croyons que c'est un petit chemin qui, partant du point même où se trouve la grille de la rue du Pot-de-Fer, s'en allait rejoindre le pressoir de l'Hôtel-Dieu, rue d'Enfer. L'existence de ce chemin, dont nous ne sachions pas qu'aucun auteur ait parlé, n'est du reste pas douteuse, car elle est clairement établie par plusieurs documents. Ainsi la maison de l'Image Sainte-Geneviève, dont nous connaissons très-sûrement la situation, et qui avait sa façade rue de Vaugirard, en face de la rue Férou, est déclarée, en 1534 et 1552, aboutir « au grand sentier tendant au pressouer de l'Hostel-Dieu, » et en 1560 « au grand sentier dudict clos Bourgeois. » Ce sentier est même tracé sur un plan manuscrit de 1615 (3) où on le fait effectivement aboutir au pressoir. Il y a tout lieu de croire que c'était une des ruelles dites de Saint-Sulpice

(1) Arch. de la grande Confr., rég. coté 39, f° 109.

(2) « Au clos Vignerey ou aux Bourgois » (1359). On trouve la même formule dans une foule de pièces.

(3) Ce plan fort curieux et parfaitement inédit, est signé de François Quesnel.

et quelquefois de Saint-Germain (1), qui avaient donné le nom générique de « les ruelles (1351, 1360, etc.,) » à tous les environs (2). Nous ne pouvons nous expliquer autrement ce passage du douzième triage : « demy quartier de terre qui est enclavé au long des ruelles, assis au bout de la ruelle Saint-Sulpice, tenant d'une part à la veufve Jehan Marche, et d'aultre part à ladicte ruelle ; aboutissant d'un bout à la rue qui va de la porte Saint-Michel à Vaugirard, et d'autre bout à Jeharne Montrouge. » Une charte de 1379 énonce « le terrouer de Vigneray ou Saint-Sulpice. »

A l'exception de l'hôtel de Bourges, les maisons qui ont été construites sur le clos aux Bourgeois, n'ont été élevées que dans le courant du XVIe siècle.

Rue des Francs-Bourgeois-Saint-Michel. — Elle est appelée dans les titres « chemin de dessus les fossez, par lequel on va à Sainct-Germain des Prez » (1435). « chemin des fossés par où l'on va à Sainct-Souplice » (1453), « rue des Fossez d'entre la porte Saint-Michel et celle Sainct-Germain » (1559), « rue devant la porte Saint-Michel » (1570), « chemin sur les fossez » (1579), et « rue des Fossez » (1582). Quant à son nom actuel, on ne le rencontre pas avant le XVIIe siècle ; il parait venir du voisinage du fief du clos aux Bourgeois, appartenant, comme nous l'avons dit, aux bourgeois de la Grande Confrérie.

Il est probable que, avant qu'on ne creusât des fossés à l'entour des murs de la ville, la rue des Francs-Bourgeois n'existait pas, et que la rue de Vaugirard prolongée longeait l'enceinte jusqu'à la porte Saint-Michel où elle se réunissait à la rue d'Enfer.

Rue d'Enfer. — Cette rue est fort ancienne, car c'était primitivement une portion de ce chemin de Vanves, qu'on a constaté être une voie romaine, et la sentence arbitrale de 1210 relative à l'éten-

l'auteur du premier plan géométrique de Paris ; nous nous disposons à le faire reproduire en *fac-simile*.

(1) « Terre assise au clos aux Bourgeois, près des ruelles de Saint-Germain, devant Saint-Supplice, tenant d'une part au clos des murs desdites ruelles et à la porte de l'entrée des vignes.... » (1557).

(2) Le sentier du Pressoir est désigné par les mots : *chemin des Ruelles*, dans l'extrait suivant d'un acte de 1475 relatif à un hôtel avec cour, pressoir et quatre arpents et demi de vignes, outre la porte Saint-Michel : « tenant ledit hostel et dépendances à la rue par laquelle on va de la porte Saint-Michel aux Chartreux d'Enfer et aux jardins appartenant au chapitre Notre-Dame, d'autre au chemin de dessus les fossez (rue des Francs-Bourgeois) par lequel on va à Saint-Germain des Prés, d'un bout au chemin des Ruelles et aux vignes de l'Hostel-Dieu. » Cet hôtel est celui de Bourges.

due de la paroisse Saint-Sulpice y fait allusion sous le nom de *cheminum Issiaci*. Comme elle conduisait au territoire de Vauvert, elle a été énoncée par la formule « *via qua itur apud vallem viridem*, » dans un acte de 1251 et, par une formule analogue dans un autre acte de 1265. D'après Jaillot, elle a été dite rue de la porte Gibart, en 1258.

Suivant Piganiol, on a supposé que le nom actuel de la rue d'Enfer lui a été donné parce que, parallèle à la rue du faubourg Saint-Jacques, elle était située sur un terrain plus bas. Il est probable qu'une circonstance analogue est l'origine de ce même nom de rue d'Enfer porté naguère par une rue de la Cité; mais nous ne saurions admettre qu'un fait semblable ait eu lieu pour la rue dont nous nous occupons, car on n'a jamais prouvé qu'elle ait été appelée *via inferior* ou *via infera*, ni que la rue du faubourg Saint-Jacques l'ait été *via superior*, comme on a trouvé commode de l'imaginer. Il est infiniment plus vraisemblable que la rue d'Enfer a emprunté son nom à la porte voisine, dite d'Enfer, et plus tard Saint-Michel. Aussi bien est-il à remarquer que tous les titres anciens dont nous avons connaissance, la désignent d'une façon différente; ainsi « chemin par où l'on va de ladicte porte Saint-Michel au clos des Chartreux, » en 1453, « chemin tendant de la porte Saint-Michel au couvent des Chartreux, » en 1518, « rue tendant aux Chartreux, » en 1582, et « rue des Chartreux, » en 1571, 1581, 1587, etc. On disait même encore « rue Saint-Michel lez Paris, » en 1622. En réalité, nous ne l'avons pas rencontrée avec son nom actuel avant 1569. Ce nom ne paraît pas avoir été d'un usage bien général avant le règne de Louis XIII, et nous n'avons pu découvrir jusqu'à présent de renseignements pour décider, si, comme cela à l'air fort vraisemblable, ce ne serait pas au XVIe siècle seulement qu'il aurait été adopté en souvenir de la tradition populaire relative au diable de Vauvert, la voie se transformant alors de chemin en rue, et par suite le besoin d'un vocable qui lui fût propre se faisant sentir.

Au XIIIe siècle, le voisinage du coin formé par la rue d'Enfer et le chemin de Vanves s'appelait « l'Ourme le Roy, » (1299) « *ulmeolum regis* (1224). » Dans la charte de 1265 par laquelle le pressoir situé à cet endroit fut donné à l'Hôtel-Dieu, cette métairie est dite située « *ultra portam Gibardi, ab oppositis vinearum domini Regis, in cuneo, ad urmetellum, juxta viam per quam itur ad vallem viridam* (sic). Dans une charte du mois de mars 1231, qui se trouve aux archives de l'Hôtel-Dieu, dans la layette relative au pressoir, il est question d'une vigne « *extra muros, versus ecclesiam beate Marie de Campis, in Sabulis, et censivis beate Marie de Campis et sancte Genovefe in monte.* » Mais ce territoire des Sablons doit plutôt avoir été situé du côté oriental de la voie.

Jaillot s'exprime de façon à faire croire que, primitivement, la rue d'Enfer s'étendait seulement jusqu'au chemin de Vanves, et que c'est par suite de la permission accordée en 1617 de supprimer une partie de ce chemin, que la rue a été prolongée vers le sud. Il est des preuves du contraire. Ainsi un terrain sur l'emplacement duquel fut plus tard construit le couvent de Port-Royal est dit, en 1540, aboutir d'un bout « au chemin des Charbonniers, » et de l'autre « au chemin du bourg la Royne » (rue du faubourg Saint-Jacques). Dans la même année, la maison contiguë à ce terrain est dite aboutir d'un bout à ce chemin des Charbonniers, et de l'autre à la grande rue dudit faubourg. Ces indications qui se rencontrent dans un grand nombre de titres, démontrent que la rue d'Enfer ne se terminait pas, avant 1617, à l'endroit où commençait le chemin de Vanves, mais qu'elle se continuait au delà sous le nom habituel de chemin des Charbonniers, nom qui se trouve encore sur un plan du commencement du XVIIe siècle, appliqué à la portion de la rue d'Enfer voisine de l'Observatoire ; pour celle qui était située derrière les Carmélites elle a été énoncée « grand chemin dict la rue d'Enfer, » en 1611 et 1615, « chemin qui vient de la rue d'Enfer, » en 1607, et « chemin tendant à la rue d'Enfer, » en 1569. La continuation de la rue d'Enfer formait le chemin qui conduisait de Paris à Montrouge ; il a été appelé « chemin des Charbonniers venant de la rue d'Enfer aux remparts » (1607), « chemin qui va de la porte Saint-Michel à Montrouge » (1569) ; et dans l'arpentage, fait aussi en 1569, des biens du prieuré Notre-Dame des Champs, « chemin tendant de la porte Saint-Michel au vieil pressouer de Montrouge, aultrement le chemin des Charbonniers. » Cette dernière désignation ne s'est pas offerte à nous avant 1529, mais c'est sans doute par suite de la rareté des titres d'une époque antérieure, relatifs à ces régions. Quoi qu'il en soit, s'il est sûr que dans la seconde moitié du XVIe siècle, la rue d'Enfer existait dans toute sa longueur, on pourrait douter qu'il en fût de même longtemps auparavant. Nous voyons en effet que la portion située au-dessus du chemin de Vanves a été souvent appelée rue Neuve : on lit dans des actes de 1585 et 1598, « rue d'Enfer, aultrement rue Neufve. » Cette

(1) Quartier du Luxembourg, p. 38 et 46.

appellation de rue Neuve signifie-t-elle qu'il y a eu une solution de continuité entre la portion de la voie voisine de la porte Saint-Michel et celle qui était proche de l'église Notre-Dame des Champs? Il est difficile de le penser en jetant les yeux sur une carte; il est plus vraisemblable que l'épithète de Neuve a été employée parce que des travaux récents avaient transformé un sentier sans importance en chemin praticable aux voitures. S'il en est bien ainsi, il est à supposer que ce changement eut lieu vers le temps où l'on commença à bailler à bâtir le clos Mureau, c'est-à-dire vers 1558. Un titre de l'année suivante nous enseigne que la rue d'Enfer s'énonçait alors « rue *Neufve* Sainct-Michel et Sainct-Loys, » dénomination provenant de ce que le seigneur du clos Mureau était le chapelain de la chapelle Saint-Michel et Saint-Louis, fondée en l'église basse de la Sainte-Chapelle de Paris. Un bail de 1633 fait encore mention de la « rue Saint-Michel et Saint-Louis, aultrement dicte d'Enffer. »

La rue d'Enfer actuelle, à partir du coude proche de la rue du Val-de-Grâce, ne suit plus son ancien parcours : elle a subi un redressement considérable vers l'ouest, car peu de temps après leur établissement, les religieuses Carmélites ayant sollicité la permission d'élargir leur clos en déplaçant le chemin vers le couchant, elles obtinrent du grand voyer, le 15 septembre 1607, de relever leurs murs de clôture dans la nouvelle direction. Cette concession leur fut faite sur les conclusions conformes données le 17 août 1606 par Jean Fontaine, commis à la voirie. Dans son rapport, après avoir fait observer que l'ancien chemin était « un chemin destourné, usurpé et entrepris pour éviter les heurs et mauvais chemins de pavé dudict faulxbourg (Saint-Jacques), » il conclut qu'il serait bon pour « ledict chemin sortant de ladicte rue d'Enfer, estre conduict et tiré d'une droicte ligne depuys ladicte rue jusques au hault dudict chemin, environ l'encoigneure d'en hault du jardin de Clagny (Port-Royal).... En quoi faisant, ledict chemin seroit trente thoises ou environ de distance de l'encoigneure du jardin et cloz dudict monastaire, audroict du mur qui faict separation d'entre ledict cloz et le jardin de la maison de la Harce, ce qui sera de beaucoup moindre despence, ayant advisé de continuer le pavé de ladicte rue d'Enfer jusques au hault dudict faulxbourg. »

Ferme ou pressoir de l'Hotel-Dieu. — Au mois de février 1224, Haoise, veuve de Pierre Vilain, vendit à un nommé Roger Comin, pour la somme de 24 livres parisis, une pièce de vigne qu'elle avait près du lieu dit l'Ormeau du roi, *apud Ulmeolum regis* (1). Au mois d'octobre 1248, ce même Comin reconnaissant que les vignes dépendant du pressoir qu'il possédait près de Vauvert étaient chargées annuellement envers l'archiprêtre de Saint-Séverin, de deux muids de vin, en assigna le payement sur d'autres vignes qu'il avait à Ivry. Au mois de décembre 1251, il fit aussi l'acquisition : 1° de trois quartiers de vignes voisines des siennes et que lui cédèrent Richard *de Ollyaco* et sa femme Héloïse, moyennant 26 sous parisis; 2° de trois autres quartiers de vignes contigus à celles du chapitre de Paris, et que lui abandonnèrent au même prix le nommé Barthélemy de Montreuil et Benoite sa femme. Nous avons lu dans les archives de Sainte-Geneviève, qu'en 1258 il y avait dans les environs du pressoir quelques maisons au duc de Bourgogne, qui plus tard s'y trouvèrent réunies, et qu'en 1261, le pressoir appartenait à Guillaume de Macon. Il est certain qu'en 1265, au mois d'avril, la métairie, avec un arpent de vignes et un clos qui en dépendaient, étaient aux mains de Pétronille, veuve de Guillaume *Vinterarius*, et qu'elle en fit don alors à l'Hôtel-Dieu de Paris, pour servir à l'entretien d'une chapellenie, *pro quadam capellania sustinenda*. Telle est l'origine du pressoir que les titres nomment également la Ferme de l'Hôtel-Dieu.

Les maîtres de l'Hôtel-Dieu ne conservèrent pas le pressoir, mais jugèrent sans doute à propos de l'aliéner, puisque en 1430, il était en la possession de Guillaume Louratier, archevêque de Bourges, le même qui tenait aussi le clos aux Bourgeois; le pressoir passa ensuite à Mᵉ Nicolas Gossemard, procureur du roi au Châtelet, qui, le 1ᵉʳ janvier 1435, en fut ensaisiné par l'abbé de Sainte-Geneviève, envers le couvent duquel la totalité de la ferme était chargée primitivement de 5 livres parisis de cens; elle ne le fut plus dans la suite que de 3 sous 6 deniers de cens, à raison de 6 deniers par arpent; elle contenait en effet sept arpents ou sept arpents et demi, suivant une estimation probablement plus juste et faite dans les derniers temps de son existence. Gossemard redonna à l'Hôtel-Dieu le pressoir et ses dépendances, et les administrateurs de cet établissement en restèrent propriétaires jusqu'au 2 juillet 1613, jour auquel, après s'y être d'abord refusés, ils le vendirent 50,000 livres à la reine Marie de Médicis, qui désirait le réunir au parc de l'hôtel du Luxembourg.

La ferme de l'Hôtel-Dieu faisait le coin de la rue d'En-

(1) Arch. de l'Hôtel-Dieu, 76ᵉ lay, nᵒ 432.

fer (1) et du chemin de Vanves, et c'est sur ce dernier que se trouvaient les logis qui, contigus vers l'ouest au couvent des Chartreux, étaient disposés en un double pan coupé à l'encoignure de la rue d'Enfer. Le clos était presque carré avec une enclave sur la rue d'Enfer. On y remarquait un moulin à vent qu'une déclaration de 1587 dit être fondé « sur une tour de pierre. » Ce moulin existait déjà en 1547; il est figuré sur ce plan de Quesnel, que nous avons signalé.

Sauval a dit (2), et on a répété après lui, que le pressoir de l'Hôtel-Dieu était le même que le pressoir de Gibart. Mais il n'en est rien, et en voici les preuves. Dans tous les actes relatifs au pressoir de l'Hôtel-Dieu, et particulièrement dans les chartes où nous avons trouvé les détails de son origine, on ne rencontre jamais l'appellation de Gibart. D'un autre côté, il est hors de doute que le pressoir de Gibart était de la censive de l'abbaye Saint-Germain et lui appartenait, puisqu'elle le bailla en 1264; or, elle n'a jamais manifesté de prétentions sur le pressoir de l'Hôtel-Dieu, qui relevait seulement de l'abbaye Sainte-Geneviève. Enfin il est aisé de démontrer que le lieu dit Gibard n'était pas voisin du chemin de Vanves, mais s'étendait entre la rue de l'Ecole-de-Médecine et l'extrémité méridionale de la rue de La Harpe. En effet, une vigne cédée en 1181 au chapitre Saint-Benoît et énoncée *apud Gibardum*, dans l'acte original, occupait l'emplacement sur lequel fut depuis élevé l'hôtel de Clermont situé un peu au-dessus de l'église Saint-Côme, en face du collége de Narbonne; et trois quartiers concédés en 1215 par le doyen du chapitre de Saint-Étienne des Grés, et énoncés aussi *apud torcular de Gibart*, se trouvaient également dans ce voisinage, puisqu'une note du XIIIe siècle, ajoutée à la charte du cartulaire, qui consacre la transaction, explique ces mots : « *apud torcular de Gibart*, » par « *retro Fratres Minores, in vico de Gibart* (3). » La portion de la rue de La Harpe voisine de la partie postérieure du couvent des Cordeliers n'a certes jamais rien eu de commun avec les environs de Vauvert, même avant la construction de l'enceinte de Philippe-Auguste.

Pour terminer l'étude de notre treizième et dernier triage, nous

(1) Elle commençait sur la rue d'Enfer à 50 toises du coin de la rue des Francs-Bourgeois.

(2) Vol. II, p. 365.

(3) Dans un prochain Mémoire, auquel nous joindrons un plan du quartier de l'Université à la fin du XIIIe siècle, nous parlerons de ce territoire de Gibard et de tous les autres clos de la rive gauche qui ont été compris dans l'enceinte de Philippe-Auguste.

joindrons ici le résultat de nos recherches sur l'emplacement qui est occupé aujourd'hui par les bâtiments du Luxembourg, sur la rue de Vaugirard. Contrairement à ce que l'on pourrait présumer, les documents qui s'y rattachent sont peu nombreux, et c'est ce qui fait sans doute qu'on en a toujours parlé avec peu d'exactitude. Nous commençons vers l'orient, à la hauteur de la grille en face de l'Odéon, à partir de la grande maison qui porte le n° 17; toutes les propriétés que nous indiquons étaient contiguës.

Censive de l'abbaye Saint-Germain des Prés.

Deux maisons sans désignation, achetées 17,000 livres par la reine Marie de Médicis, en 1624. Au derrière de la seconde de ces maisons se trouvait une verrerie qui a quelquefois donné son nom à la rue, et dont nous ignorons l'origine certainement peu ancienne.

Maison des Trois-Faucilles (1546), plus tard hôtel de Bresse; elle appartenait en 1559 à Antoine Fumée, conseiller au parlement, et fut achetée le 1er juin 1613, par Marie de Médicis, pour la somme de 24,000 livres. Le chapitre de Saint-Benoît prétendait avoir droit de censive sur cette maison et sur les précédentes.

Maison sans désignation, achetée 12,000 livres par Marie de Médicis le 20 février 1617. Cette maison était chargée d'une rente envers le chapitre de Saint-Benoît.

Maison sans désignation, appartenant en 1595 au sieur de Bonacoursy, abbé de Langenet, et nommée en 1613 hôtel de Champ-Regnard; elle contenait trois arpents et fut achetée 27,000 livres par Marie de Médicis, le 8 février 1613. Les dépendances devaient s'en étendre au delà du sentier du Pressoir.

Maison sans désignation (1595), dont la date d'acquisition ne nous est pas connue.

Censive confuse entre les abbayes de Sainte-Geneviève et Saint-Germain des Prés.

Les terrains des bâtiments du Luxembourg semblent avoir dépendu anciennement des deux censives, comme cela a été reconnu par une transaction de 1691. Le chapitre de Saint-Benoît soutenait aussi qu'un demi-arpent des propriétés du président de La Thourette provenait de la prébende d'un nommé Jean Alton, et était de son fief. Il n'est plus possible aujourd'hui de juger de cette prétention et de limiter les seigneuries en cet endroit, où dès le milieu du XVIIe siècle on ne savait plus rien reconnaître de positif.

Hôtel du Luxembourg. — L'origine de cet hôtel n'est pas parfaitement connue. Jaillot dit que c'était primitivement une grande maison accompagnée de jardins, que Robert de Harlay de Sanci fit bâtir vers le milieu du XVIe siècle, et qu'il est qualifié d'hôtel *bâti de neuf*, dans un arrêt de la cour des aides, en vertu duquel, l'an 1564, il fut adjugé à demoiselle Jaqueline de Marinvillier, veuve dudit de Harlay. Les titres relatifs à cette région ne nous ont fourni aucune mention de ce Robert de Harlay, mais nous avons vu dans les archives de l'abbaye Sainte-Geneviève que la maison adjugée à la demoiselle Marinvillier ou Martinvillier, l'avait été sur le sieur de La Thourette, et il est certain que c'est ce dernier qui l'avait fait construire, car dans une déclaration de 1587 il est parlé des « maisons et jardins bastis par feu Me Alexandre de La Thourette, cydevant president en la cour des Monnoies, et à present appellé l'hostel de Luxembourg. » Nous n'avons pu constater l'époque où le président de La Thourette fit acquisition des terrains qu'il avait au clos aux Bourgeois; nous savons seulement qu'il en était propriétaire dès 1560. Nous ignorons également quand la maison de la demoiselle de Martinvillier est devenue l'hôtel de Luxembourg, mais il y a tout lieu de croire que c'est vers 1572. Dans cette même année, en effet, le 9 novembre, François de Luxembourg, prince de Tingry, possédait récemment dans les environs un arpent, partie de cinq quartiers de terre, pour lequel il fut condamné à payer à la Grande Confrérie un denier parisis de cens et seize sous de rente. Rien ne détermine précisément l'emplacement de ces cinq quartiers; observant qu'ils étaient de la censive de la grande Confrérie, c'est-à-dire compris dans son clos, nous supposons qu'ils peuvent être ces 1080 toises situées derrière les jardins de la maison devenue plus tard l'hôtel de La Trémouille (1), sur la limite méridionale du clos. Nous savons que ce sont les mêmes qui, passées aux mains de Valleran de Hérez, en 1563, et l'an 1380, en celles de Philippot Régnier, lequel les tenait de Jehan Mouchart (2), sont énoncées dans un registre de 1390, comme plantées en vignes et « seans derriere, au plus près dudict hostel » du siége de la confrérie (3).

(1) Rue de Vaugirard, no 17. Les 1080 toises dont nous parlons font actuellement partie des quinconces et pelouses au midi de l'allée de La Fontaine.

(2) Nous en parlons ailleurs, voy. rue d'Enfer.

(3) Peut-être est-ce les mêmes que cinq quartiers de vigne énoncés dans une

Nous sommes certains, de plus, que ces 1080 toises dépendaient du clos de l'hôtel de Luxembourg, en 1585.

Dès 1584, au moins, l'hôtel de Luxembourg comprenait un clos dont non-seulement faisaient partie les cinq quartiers dépendant de la grande confrérie, mais encore des terres qui s'étendaient vers l'ouest, au derrière de la maison de l'image Sainte-Geneviève, à peu près jusqu'à la hauteur de la grille située maintenant vis-à-vis de la rue du Pot-de-Fer; les actes n'apprennent pas quelle en était la superficie, ni la forme. Pour la partie de l'hôtel en bordure sur la rue de Vaugirard, et dont depuis près de deux siècles et demi il ne reste plus rien, il nous paraît qu'elle devait être assez peu considérable et occuper l'emplacement de la cour du Petit-Luxembourg et d'une partie du bâtiment contigu à l'est et placé en face de la rue Garancière. C'est la position qui ressort pour nous des titres; elle est confirmée par le plan de 1615, et également par cette circonstance qu'une maison vendue en 1612 à la reine Marie de Médicis et faisant le coin occidental de la rue de Vaugirard et de la rue Garancière, est dite : « devant l'hôtel de Luxembourg. »

En 1600, l'hôtel de Luxembourg était échu par héritage à François de Luxembourg, duc de Piney, pair de France, fils de celui que nous avons déjà nommé. Il en passa une déclaration le 23 avril; puis, le 2 avril 1612, moyennant la somme de 90,000 livres, il le céda avec ses dépendances et la ferme du Bourg, à la reine Marie de Médicis. C'est à la suite de cela qu'a été construit le palais d'Orléans, que nous appelons le Luxembourg, et dont les principaux bâtiments n'occupent pas, comme on voit, l'emplacement de l'ancien hôtel de ce nom.

Maison de l'image Saint-Nicolas (1608). En 1584, ce n'était qu'un jardin contenant un demi-arpent. Le terrain en avait été alloué à charge de bâtir, en 1529.

Censive de l'abbaye Sainte-Geneviève.

Maison des Trois Petits Roys (1585). Elle était située en face de la rue des Fossoyeurs (Servandoni). Étienne Hardouin, sieur de Montherbu, en fut ensaisiné le 28 novembre 1585. On ne la distinguait pas toujours de la maison suivante, dont elle paraît avoir fait partie à la fin du XVIe siècle.

charte de 1263, « vitis a *latere vallis viridis*, que vinea vocatur *Edelina*. » Arch. de la grande Conf.

Hostel de l'image Sainte-Genevièfve (1536), dit ensuite l'hostel de Montherbu (1584). Cette maison, où se trouvait un jeu de paume en 1546, appartint à Pierre de Montherbu, qualifié de secrétaire ordinaire de la chambre du roi, en 1608. Elle faisait hache au derrière de la précédente, et est indiquée comme aboutissant au sentier du pressoir de l'Hôtel-Dieu, en 1540. Elle parait avoir été élevée sur des terrains aliénés à charge de bâtir, en 1529. Dans une déclaration de 1587 elle est énoncée : « maison au milieu de laquelle, et proche d'un grand portail, est un pillier enclavé en partie de la muraille de ladicte maison, une figure, image et representation de madame saincte Genevièfve, entre deux escussons et armoiries paincles contre la muraille, en la premiere desquelles est un lieu où est escrit le mot *Libertas*, et en l'autre, il y a une petite croix au milieu. » C'est sur cette maison et les deux qui précèdent qu'a été construit le couvent des Religieuses-du-Calvaire en 1622.

Maison de la ferme du Bourg (1595), formant le coin du sentier conduisant au pressoir de l'Hôtel-Dieu, dont nous avons indiqué plus haut le point de départ. Cette maison fut comprise dans l'acquisition faite en 1612 par la reine Marie de Médicis. Jaillot dit que le duc de Luxembourg l'avait achetée dès 1583; nous l'avons cependant vue appelée « la ferme au sieur de Latillaye, » dans un titre de 1584. Elle avait 36 toises de largeur sur la rue de Vaugirard.

Le terrain en censive de l'abbaye Sainte-Geneviève, dont la ferme du Bourg formait l'extrémité, s'appelait le vignoble Sainte-Geneviève en 1370; il était effectivement planté de vignes comme tous les environs.

Adolphe Berty.

www.ingramcontent.com/pod-product-compliance
Ingram Content Group UK Ltd.
Pitfield, Milton Keynes, MK11 3LW, UK
UKHW022119260726
13993UKWH00003B/1122

9 782329 173610